江晓原 主编

科学反思：
两种文化

Reflections
on
Science:
Two Cultures

江晓原科学读本

上海教育出版社

6

目录

1 导言 | 江晓原

1 科学大战:对一宗失败"婚姻"的反思 | 多萝茜·内尔金

17 关于科学和反科学的十个命题 | 理查德·莱文斯

37 索卡尔的恶作剧 | 斯蒂文·温伯格

59 《科学大战》引论 | 安德鲁·罗斯

83 物理学家试探"泡沫学术",两种文化论争热闹空前 | 刘华杰 呼延华

95 重审科学与人文 | 吴国盛

137 人类自在的天性
——关于科学与艺术之关系的一些思考 | 刘 兵

153 鸡与鸭与李约瑟
　　　——对于李约瑟问题的语境分析 ｜ 田　松

159 对科学文化的若干认识
　　　——首届"科学文化研讨会"学术宣言 ｜ 柯文慧

167 古代历法：科学为伪科学服务吗 ｜ 江晓原

171 "科学大战"是一场什么样的"战争" ｜ 刘　兵

177 科学与艺术的共济进化 ｜ 刘华杰

导言

江晓原

科学与科学精神

"什么是科学"与"什么是科学精神"都是非常难以确切回答的问题。下面是当代学者对科学的较为可取的特征描述:

A. 与现有科学理论的相容性:现有的科学理论是一个宏大的体系,一个成功的科学学说,不能和这个体系发生过多的冲突。

B. 理论的自洽性:一个学说在理论上不能自相矛盾。

C. 理论的可证伪性:一个科学理论,必须是可以被证伪的。如果某种学说无论怎么考察,都不可能被证伪,那就没有资格成为科学学说。

D. 实验的可重复性：科学要求其实验结果必须能够在相同条件下重复。

E. 随时准备修正自己的理论：科学只能在不断纠正错误不断完善的过程中发展前进，不存在永远正确的学说。

在此基础上，对于科学精神比较完整的理解也可以包括：

理性精神——坚持用物质世界自身来解释物质世界，不诉诸超自然力。

实证精神——所有理论都必须经得起可重复的实验观测检验。

平等和宽容精神——这是进行有效的学术争论时所必需的。所有那些不准别人发表和保留不同意见的做法，都直接违背科学精神。

不能将科学精神简单归结为"实事求是"或"精益求精"，尽管在科学精神中确实可以包含这两点，但"实事求是"或"精益求精"仅是常识。

并不是每一个具体的科学家个体都必然具有科学精神。

现代科学的源头在何处

答案非常简单：在古希腊。

如果我们从今天世界科学的现状出发回溯，我们将不得不承认，古希腊的科学与今天的科学最接近。恩格斯在《自然辩证法》中有两段名言：

> 如果理论自然科学想要追溯自己今天的一般原理发生和发展的历史，它也不得不回到希腊人那里去。①
>
> 随着君士坦丁堡的兴起和罗马的衰落，古代便完结了。中世纪的终结是和君士坦丁堡的衰落不可分离地联系着的。新时代是以返回到希腊人而开始的。——否定的否定！②

这两段话至今仍是正确的。考察科学史可以看出，现代科学甚至在形式上都还保留着浓厚的古希腊色彩，而今天整个科学发现模式在古希腊天文学中已经表现得极为完备。

欧洲天文学至迟自希巴恰斯以下，每一个宇宙体系都力求能够解释以往所有的实测天象，又能通过数学演绎预言未来天象，并且能够经得起实测检验。事实上，托勒密、哥白尼、第谷、开普勒乃至牛顿的体系，全都是根据上述原则构造出来的。而且，这一原则依旧指导着今天的天文学。今天的天文学，其基本方法仍是通过实测建立模型——在古希腊是几何的，牛顿以后则是物理的；也不限于宇宙模型，例如还有恒星演化模型等——然后用这模型演绎出未来天象，再以实测检验之。合则暂时认为模型成功，不合则修改模型，如此重复不已，直至成功。

在现代天体力学、天体物理学兴起之前，模型都是几何模型——从这个意义上说，托勒密、哥白尼、第谷乃至创立行星运动

---

① 《自然辩证法》，人民出版社，1971年，第30—31页。
② 《自然辩证法》，人民出版社，1971年，第170页。

三定律的开普勒，都无不同。后来则主要是物理模型，但总的思路仍无不同，直至今日还是如此。法国著名天文学家丹容在他的名著《球面天文学和天体力学引论》中对此说得非常透彻："自古希腊的希巴恰斯以来两千多年，天文学的方法并没有什么改变。"而这个方法，就是最基本的科学方法，这个天文学的模式也正是今天几乎所有精密科学共同的模式。

有人曾提出另一个疑问：既然现代科学的源头在古希腊，那如何解释直到伽利略时代之前，西方的科学发展却非常缓慢，至少没有以急剧增长或指数增长的形式发生？或者更通俗地说，古希腊之后为何没有接着出现近现代科学，反而经历了漫长的中世纪？

这个问题涉及近来国内科学史界一个争论的热点。有些学者认为，近现代科学与古希腊科学并无多少共同之处，理由就是古希腊之后并没有马上出现现代科学。然而，中国有一句成语"枯木逢春"——当一株在漫长的寒冬看上去已经近乎枯槁的树木，逢春而渐生新绿，盛夏而枝繁叶茂，我们当然不能否认它还是原来那棵树。事物的发展演变需要外界的条件，中世纪欧洲遭逢巨变，古希腊科学失去了继续发展的条件，好比枯树在寒冬时不现新绿，需要等到文艺复兴之后，才是它枯木逢春之时。

科学不等于正确

在我们今天的日常话语中，"科学"经常被假定为"正确"的同义语，而这种假定实际上是有问题的。

比如，对于"托勒密天文学说是不是科学"这样的问题，很多人会不假思索地回答"不是"，理由是托勒密天文学说中的内容是"不正确的"——他说地球是宇宙的中心，而我们知道实际情况不是这样。然而这个看起来毫无疑义的答案，其实是不对的，托勒密的天文学说有着足够的科学"资格"。

因为科学是一个不断进步的阶梯，今天"正确的"结论，随时都可能成为"不够正确"或"不正确的"。我们判断一种学说是不是科学，不是依据它的结论，而是依据它所用的方法、它所遵循的程序。不妨仍以托勒密的天文学说为例稍作说明：

在托勒密及其以后一千多年的时代里，人们要求天文学家提供任意时刻的日、月和五大行星位置数据，托勒密的天文学体系可以提供这样的位置数据，其数值能够符合当时的天文仪器所能达到的观测精度，它在当时就被认为是"正确"的。后来观测精度提高了，托勒密的值就不那么"正确"了，取而代之的是第谷提供的值，再往后是牛顿的值、拉普拉斯的值等，这个过程直到今天仍在继续之中——这就是天文学。在其他许多科学门类中（比如物理学），同样的过程也一直在继续之中——这就是科学。

有人认为，所有今天已经知道是不正确的东西，都应该被排除在"科学"之外，但这种想法在逻辑上是荒谬的——因为这将导致科学完全失去自身的历史。

在科学发展的过程中，没有哪一种模型（以及方案、数据、结

论,等等)是永恒的,今天被认为"正确"的模型,随时都可能被新的、更"正确"的模型所取代,就如托勒密模型被哥白尼模型所取代、哥白尼模型被开普勒模型所取代一样。如果一种模型一旦被取代,就要从科学殿堂中被踢出去,那科学就将永远只能存在于此时一瞬,它就将完全失去自身的历史。而我们都知道,科学有着两千多年的历史(从古希腊算起),它有着成长、发展的过程,它取得了巨大的成就,但它是在不断纠正错误的过程中发展起来的。

科学中必然包括许多在今天看来已经不正确的内容,这些内容好比学生作业中做错的习题,题虽做错了,却不能说那不是作业的一部分;模型(以及方案、数据、结论,等等)虽被放弃了,同样不能说那不是科学的一部分。

唯科学主义和哲学反思

近几百年来,整个人类物质文明的大厦都是建立在现代科学理论基础之上的。我们身边的机械、电力、飞机、火车、电视、手机、电脑……无不形成对现代科学最有力、最直观的证明。科学获得的辉煌胜利是以往任何一种知识体系都从未获得过的。

由于这种辉煌,科学也因此被不少人视为绝对真理,甚至是终极真理,是绝对正确的乃至唯一正确的知识;他们相信科学知识是至高无上的知识体系,甚至相信它的模式可以延伸到一切人类文化之中;他们还相信,一切社会问题都可以通过科学技术的发展而得到解决。这就是所谓的"唯科学主义"观点。①

正当科学家对科学信心十足,而公众对科学顶礼膜拜之时,哲学家的思考却是相当超前的。哈耶克早就对科学的过度权威忧心忡忡了,他认为科学自身充满着傲慢与偏见。他那本《科学的反革命——理性滥用之研究》(*The Counter Revolution of Science, Studies on the Abuse of Reason*),初版于1952年。从书名上就可以清楚感觉到他的立场和情绪。书名中的"革命"应该是一个正面的词,哈耶克的意思是,科学(理性)被滥用了,被用来"反革命"了。哈耶克指出,有两种思想的对立:一种是有利于创新的,或者说是"革命的";另一种则是僵硬独断的,或者说是"不利于革命的"。

哈耶克的矛头并不是指向科学或科学家,而是指向那些认为科学可以解决一切问题的人。哈耶克认为这些人"几乎都不是显著丰富了我们的科学知识的人",也就是说,几乎都不是很有成就的科学家。照他的意思,一个"唯科学主义"(scientism)者,很可能不是一个科学家。他所说的"几乎都不是显著丰富了我们的科学知识的人",一部分是指工程师(大体相当于我们通常说的"工程技术人员"),另一部分是指早期的空想社会主义者及其思想的追随者。有趣的是,哈耶克将工程师和商人对立起来,他认为工程师虽然在工程方面有丰富的知识,但是经常只见树木不见森林,

---

① Scientism 通常译为"唯科学主义",其形容词形式则为 scientistic(唯科学主义的)。

不考虑人的因素和意外的因素；而商人通常在这一点上比工程师做得好。

哈耶克笔下的这种对立，实际上就是计划经济和市场经济的对立。而且在他看来，计划经济的思想基础，就是唯科学主义——相信科学技术可以解决世间一切问题。计划经济思想之所以不可取，是因为它幻想可以将人类的全部智慧集中起来，形成一个超级的智慧，这个超级智慧知道人类的过去和未来，知道历史发展的规律，可以为全人类指出发展前进的康庄大道，而实际上这当然是不可能的。

从"怎么都行"看科学哲学

科学既已被视为人类所掌握的前所未有的利器，可以用来研究一切事物，那么它本身可不可以被研究？

哲学中原有一支被称为"科学哲学"（类似的命名还有"历史哲学""艺术哲学"，等等）。科学哲学家中有不少原是自然科学出身，是喝着自然科学的乳汁长大的，所以他们很自然地对科学有着依恋情绪。起先他们的研究大体集中于说明科学如何发展，或者说探讨科学成长的规律，比如归纳主义、科学革命（库恩、科恩）、证伪主义（波普尔）、研究范式（库恩）、研究纲领（拉卡托斯），等等。对于他们提出的一个又一个理论，许多科学家只是表示了轻蔑——就是只想把这些"讨厌的求婚者"（极力想和科学套近乎的人）早些打发走（劳丹语）。因为在不少科学家看来，这些科学哲学理论不过是一些废话而已,没有任何实际意义和价值,当然更不会对科学发展有任何帮助。

后来情况出现了变化。"求婚者"屡遭冷遇,似乎因爱生恨,转而采取新的策略。今天我们可以看到,这些策略至少有如下几种:

1. 从哲学上消解科学的权威。这至迟在费耶阿本德的"无政府主义"理论(认为没有任何确定的科学方法,"怎么都行")中已经有了端倪。认为科学没有至高无上的权威,别的学说(甚至包括星占学)也应该有资格、有位置生存。

这里顺便稍讨论一下费耶阿本德的学说。① 就总体言之,他并不企图否认"科学是好的",而是强调"别的东西也可以是好的"。他的学说消解了科学的无上权威,但是并不会消解科学的价值。费耶阿本德不是科学的敌人——他甚至也不是科学的批评者,他只是科学的某些"敌人"的辩护者而已。

2. 关起门来自己玩。科学哲学作为一个学科,其规范早已建立得差不多了(至少在国际上是如此),也得到了学术界的承认,在大学里也找得到教职。科学家们承不承认、重不重视已经无所谓了。既然独身生活也过得去,何必再苦苦求婚——何况还可以与别的学科恋爱结婚呢。

---

① 费耶阿本德的著作被引进中国至少已有三种:《自由社会中的科学》(上海译文出版社,1990年)、《反对方法——无政府主义知识论纲要》(上海译文出版社,1992年)、《告别理性》(江苏人民出版社,2002年)。

3. 更进一步，挑战科学的权威。这就直接导致"两种文化"的冲突。

"两种文化"的冲突

科学已经取得了至高无上的权威，并且掌握着巨大的社会资源，也掌握着绝对优势的话语权。而少数持狭隘的唯科学主义观点的人士则以科学的捍卫者自居，经常从唯科学主义的立场出发，对来自人文的思考持粗暴的排斥态度。这种态度必然导致思想上的冲突。一些哲学家认为，哲学可以研究世间的一切，为何不能将科学本身当作我们研究的对象？我们要研究科学究竟是怎样运作的、科学知识到底是怎样产生出来的。

这时原先的"科学哲学"就扩展为"对科学的人文研究"，于是SSK（科学知识社会学）等学说就出来了。主张科学知识都是社会建构的，并非纯粹的客观真理，因此也就没有至高无上的权威性。

这种激进主张，当然引起了科学家的反感，也遭到一些科学哲学家的批评。著名的"科学大战"[①]"索卡尔诈文事件"[②]，等等，就反映了来自科学家阵营的反击。对于学自然科学出身的人来

[①] 关于"科学大战"，可参阅（美）安德鲁·罗斯主编：《科学大战》，夏侯炳、郭伦娜译，江西教育出版社，2002年。
[②] 关于"索卡尔诈文事件"及有关争论，可参阅（美）索卡尔等著：《"索卡尔事件"与科学大战——后现代视野中的科学与人文的冲突》，蔡仲等译，南京大学出版社，2002年。

说，听到有人要否认科学的客观性，在感情上往往难以接受。

这些争论，有助于加深人们对科学和人文关系的认识。科学不能解决人世间的一切问题（比如恋爱问题、人生意义问题，等等），人文同样也不能解决一切问题，双方各有各的局限。在宽容、多元的文明社会中，双方固然可以经常提醒对方"你不完美""你非全能"，但不应该相互敌视、相互诋毁，只有和平共处才是正道。

但在很长一段时间里，科学和人文这两种文化不仅没有在事实上相亲相爱，反而在观念上渐行渐远。而且很多人已经明显感觉到，一种文化正日益凌驾于另一种文化之上。眼下最严重的问题，在于工程管理方法之移用于学术研究（人文学术和自然科学中的基础理论研究）管理，工程技术的价值标准之凌驾于学术研究中原有的标准。按照哈耶克的思想来推论，这两个现象的思想根源，归根结底还是唯科学主义。

改革开放以来，科学与人文之间，主要的矛盾表现形式，已经从轻视科学与捍卫科学的斗争，从保守势力与改革开放的对立，向单纯的科学立场与新兴的人文立场之间的张力转变。中国的两种文化总体状况比较复杂：一是科学作为外来文化，与中国传统文化存在着巨大差异；二是唯科学主义已经经常在社会话语中占据不适当的地位（这在发展中国家是常见的现象）；三是新技术所造成的社会问题已经出现，如工业环境污染、互联网侵犯隐私、新媒体矮化文化等。

公众理解科学

科学的最终目的,应该是为人类谋幸福,而不能伤害人类。因此,人们担心某种科学理论、某项技术的发展会产生伤害人类的后果,因而产生质疑,要求展开讨论,是合理的。毕竟谁也无法保证科学技术永远有百利而无一弊。无论是对"科学主义"的质疑,还是对"科学主义"立场的捍卫,只要是严肃认真的学术讨论,事实上都有利于科学的健康发展。

如今的科学,与牛顿时代,乃至爱因斯坦时代,都已经不可同日而语了。一个最大的差别是,先前的科学可以仅靠个人来进行。事实上,万有引力和相对论,都是在没有任何国家资助的情况下完成的。但是如今的科学则成为一种耗资巨大的社会活动,而这些金钱都是纳税人的钱,因此,广大公众有权要求知道:科学究竟是怎样运作的,他们的钱是怎样被用掉的,用掉以后又有怎样的效果。

至于哲学家们的标新立异,不管出于何种动机,至少在客观上为上述质疑和要求提供了某种思想资源,而这无疑是有积极意义的。

为了协调科学与人文这两种文化的关系,一个超越传统科普概念的新提法"科学传播"开始被引进,核心理念是"公众理解科学",即强调公众对科学作为一种人类活动的理解,而不仅是单向地向公众灌输具体的科学和技术知识。事实上,这符合"弘扬科学精神,传播科学思想,介绍科学方法,普及科学知识"的原则。

与此同时,在中国高层科学官员所发表的公开言论中,也不约而同地出现了对理论发展的大胆接纳。例如,科技部部长徐冠华在2002年12月18日的讲话中说:

> 我们要努力破除公众对科学技术的迷信,撕破披在科学技术上的神秘面纱,把科学技术从象牙塔中赶出来,从神坛上拉下来,使之走进民众、走向社会……越来越多的人已经不满足于掌握一般的科技知识,开始关注科技发展对经济和社会的巨大影响,关注科技的社会责任问题……而且,科学技术在今天已经发展成为一种庞大的社会建制,调动了大量的社会宝贵资源;公众有权知道,这些资源的使用产生的效益如何,特别是公共科技财政为公众带来了什么切身利益。①

又如,时任中国科学院院长路甬祥在讲话中认为:

> 科学技术在给人类带来福祉的同时,如果不加以控制和引导而被滥用的话,也可能带来危害。在21世纪,科学伦理的问题将越来越突出。科学技术的进步应服务于全人类,服务于世界和平、发展和进步的崇高事业,而不能危害人类自身。加强科学伦理和道德建设,需要把自然科学与人文社会科学紧密结合起来,超越科学的认知理性和技术的工具理性,而站在人文理性的高

---

① 《科学时报》,2003年1月17日。

度关注科技的发展,保证科技始终沿着为人类服务的正确轨道健康发展。①

所有这一切,都不是偶然的。这是中国科学界、学术界在理论上与时俱进的表现。这些理论上的进步,又必然会对科学与人文的关系、科学传播等方面产生重大影响。2002年底,在上海召开了首届"科学文化研讨会"(上海交通大学科学史系主办),会后发表了此次会议的"学术宣言",②对这一系列问题作了初步清理。随后出现的热烈讨论,表明该宣言已经引起学术界的高度重视。③

---

① 《人民政协报》,2002年12月17日。
② 柯文慧(江晓原定稿):《对科学文化的若干认识——首届"科学文化研讨会"学术宣言》,载《中华读书报》,2002年12月25日。
③ 围绕这份宣言,出现在纸媒和网上的各种讨论和争论,已经形成大量文献。此后数年召开了多次科学文化研讨会,较重要的文献有:柯文慧(江晓原定稿):《岭树重遮千里目——第四次科学文化会议备忘录》,载《科学时报》,2005年12月29日;柯文慧(江晓原定稿):《一江春水向东流——第五次科学文化研讨会备忘录》,载《科学时报》,2007年3月15日。

科学大战：对一宗失败"婚姻"的反思

多萝茜·内尔金

| 导读 |

多萝茜·内尔金（Dorothy Nelkin），1954年康奈尔大学毕业，获哲学学士学位。现任纽约大学社会学系教授，研究方向为：遗传检测和基因治疗的社会问题、科学与宗教、科学的媒体传播等；所授课程有：元科学研究、遗传学和社会学、科学和法律。合著有：《躯体集市：生物技术时代的人体器官市场》《DNA奥秘：作为一个文化符号的基因》等。

科学大战这场以纽约科学院"来自科学与理性的航班"大会为背景的防守性进攻，矛头直指近来主张科研是一种受社会力量和政治力量影响的活动的科学研究工作。在两极分化和出口伤人方面与文化大战（Culture Wars）相似，其攻击的目标是在一个特定的学术领域工作的学者们,这个领域或者被称为"科学、技术与社会",或者"科学研究",或者"科学的文化研究"。同样成为攻击目标的,是那些就当代科学事务发表评论的科学哲学家和各种人文知识分子。

在非科学家的"圈外人"中间,对科学的人文兴趣的增长迄今持续了20年,这部分是由于科学在更大含义的文化中的瞩目地位提高了,部分是因为对科学所具有的重大社会意义的认识提高了。科学的成功给予那些曾经是非公开领域的科学实验室以很高的公众形象。当代对科学的研究超越了对其社会效果的检验,它们把科研优先权、研究方法和组织方式的发展也纳入自己的视野之内。人类学家关注实验室内科学家之间的关系;文化分析者揭示话语的科学样式;而哲学家和社会学家则对客观性的本质、事实的建构以及构成科学解释自然的各种偏见和价值提出质疑。这种调查研究把科学当作一种深刻的人类活动来看待,当作不是脱离现实的心灵而是在社会互动中真实的人们创造出来的产品来看待。对于某些科学家来说,这

> 科学是要在复杂的自然现象中寻找一致性和确定性。把科学作为研究对象的科学态度也应该是在这种"深刻的人类活动"和这些"真实的人们创造出来的产品"中寻求一致性和确

种社会建构主义研究看起来像是对科学的恶意攻击，而他们则报之以挑衅。事实上，他们的回击以其感情用事、敌视性、道德义愤和论战式的语调而引人注目。

这些科学家把科学研究的学者描绘成科学的破坏者、无知的危言耸听者、自欺欺人的空想家、固执己见的女性主义者，或者，最好也是些愚蠢的、爱赶时髦的、头脑混乱的、阴郁的、激进或者左翼的家伙。他们使用的夸张语言是经过精心挑选的，旨在吸引那些永远对富于刺激性的争论保持高度敏感的媒体。科学斗士们把对科学的严肃批评说成是自命不凡的胡说、有毒的新时代傻话、浪漫的对抗、冷酷无情的生态儿语、幼稚的意识形态、有害的大话，甚至是"解释学的色情挑逗（hermeneutic hootchy-kootchy）"①②。

定性。而真实的情况似乎相反，研究者们迷惑于这种"人类活动"的多样性和"产品"的丰富性，无力或者没有兴趣抽取其中的客观性和简单性。事实上，科学活动固然需要人，但不需要特定的某个或某些人，科学的客观性要求对人可以不作具体要求，科学规律的客观性不因人而异，所以说科学一定程度上与人无关。因此，那种把科学主要当作一种人的活动、那种主要从研究从事科学研究的人入手的关于科学的学说，其本质不是关于科学的学说，而是一种社会学学说。这样的学说之所以会遭到某些科学家的反驳，一方面可能是要捍卫一般公众中科学的客观性形象，另一方面可能是因为那些学说确实会影响政府的科学管理政策。这两个方面的负面影响都足以损害科学研究活动的正常延续。

---

① hootchy-kootchy 是一种色情的女子舞蹈。"hootchy-kootchy"疑是某种象声。——译者注
② Paul R. Gross and Norman Levitt, *Higher Superstition: The Academic Left and Its Quarrels with Science* (Baltimore, Md.: Johns Hopkins University Press, 1994).

我们读到，社会建构主义者正被添加到迷信十足和完全无知的美国公众的行列中。因为，他们的著作会导致科学的终结；我们还被警告说，"科学的灵魂"本身正处于危急关头。在受人尊敬的《今日物理学》杂志（Physics Today）上，物理学家阿瑟·坎特罗威茨（Arthur Kantrowitz）把今天文学批评家和社会科学批评家的权力与15世纪由中国读书人组成的官僚机构的权力加以比附；那时，"书生使中国受到了四个世纪的与世隔绝以及科学停滞不前的折磨"。①

主旋律既响亮又清晰。科学正在受到纠集在一起的"圈外人"的亵渎和贬损，这些坏蛋包括激进的女性主义者、后现代主义者、人文学者、文学知识分子、社会主义者、人类学家、环境主义者、特创论者、动物权益活动家以及捷克共和国总统瓦茨拉夫·哈韦尔（Vaclav Havel）。1994年，哈韦尔在费城一次公开讲话中曾经提到，"把科学作为世界现代观念的基础"是一种"危机"；科学的前提即它对客观实在的无条件相信，已经不能"把握存在世界体系的精神、目的和意义"。他和其他暗示科学存在极限的知识分子一起，已经被定义为决心摧毁科学和损害科学世界观的败类。科学被虐待了，被玷污了，被围攻了。这就是那种被人类学家玛丽·道格拉斯（Mary Douglas）称为"污染修辞术"的保护主义语言，此术是兵临城下的机构的典型防御性反应：面对外来入侵就把大门

---

① Arthur Kantrowitz, "Review of Higher Superstition", Physics Today 48, no. 1（1995）: P55.

砌死，从而保持其纯洁性和安全性。①

除非科学家们直接和立即受到了伤害，否则，他们对政治压力的反应通常是迟缓的。在一本政治科学的历史著作中，政治科学家约瑟夫·哈贝雷尔（Joseph Haberer）把科学家与国家的关系描述为一种"谨慎的默认（prudential acquiescence）"。② 在20世纪70年代，动员科学家起来与"科学特创论"影响作斗争的努力很不成功，而且实际上科学家忽视对科学教育的这一巨大威胁。到80年代，只有受到禁止做动物实验直接影响的科学家，才动员起来反对日益壮大的动物权益运动。同样，在反堕胎主义者成功地禁止研究胎儿的过程中，绝大多数科学家都昏睡不醒。但是在90年代，很多科学家似乎愿意而且急于攻击社会建构主义理论，甚至尽管这种理论对科学的影响还远不清晰。他们反应的强烈程度令人吃惊。为什么最近科学家会如此提防对科学的人文研究呢？为什么他们会对使科学摆脱神秘的研究方法的束缚如此困惑不解呢？为什么揭示在真理与知识之间存在沟壑，追问"我们是怎么知道的"会引起如此大规模的论战呢？这些科学大战到底是如何引起的呢？

它肯定不是人文学者的真实影响力所致，这些人根本就不想

---

① Mary Douglas，*How Institutions Think*（Syracuse，N.Y.：Syracuse University Press，1986）.

② Joseph Haberer，*Politics and the Community of Science*（New York：Van Nostrand Reinholdm，1969）.

颠覆科学事业。没有证据说明科学研究学者要对国会削减科学资助负责。一个决心不让社会科学获得全国人文学科捐款和取消其全国社会基金的国会，不可能真的认为人文的或社会学的研究（这些研究总被历史学家和社会学家玩得团团转）有那么高的价值。也没有证据说明科学研究学者，甚至是其中具有广泛的公众号召力的人，曾经对公共政策产生很大的影响。哲学家托马斯·库恩十分重要并影响广泛的论著《科学革命的结构》（1962），对有关科学的公正性及其对新观念的接受能力的基本假设提出了挑战，但是它并未减少20世纪60年代政府对科学的资助。人们很难在以科学为对象的历史和社会学分析与科学政策的改变之间找到任何联系。

科学家们的污染修辞术以及自卫性的语言和道德义愤，在科学内部的变化过程中，特别是在第二次世界大战以后发展起来的科学与国家之间的社会契约中得到了最佳诠释。这种契约包括一系列既不明言却十分露骨的有关科学自治权的协定。如果科学家能够为公众进步的利益和有良心的管理者的兴趣而工作，并能做到自律的话，政府愿为研究提供全面的支持，这种支持相对不受责任的束缚。这些条件促进了科学的蓬勃发展，科学家们也把它们当成了自己的责任。可是，到20世纪90年代，从哪方面看契约中的条款都显得越来越不合时宜了，缔约双方都不能满足交易对他们的要求。政府不断地减少对科学的资助，却要求获得更多的回报，而经常为私人利益熬夜的科学家们则面临着越来越难以自我调适的问题。在这种情况下，那些研究科学活动的"圈外人"成为替罪羊，而喋喋不休的舌战对于科学家来说则是拒绝自我批评、逃避责任和指责的最好挡箭牌。

随着第二次世界大战结束，科学家们构思了他们自己与美利坚合众国缔结的后来影响科学近四十年的契约。确立这一社会契约的前提是，科技信息是公共资源，对科学有利的就是对国家有利的。这种关系经常被描述为一宗婚姻：暗含着共同的预设和相互的信托。不同寻常的自治程度保证了科学可以表明自己具有非政治的形象，保证了科学家作为没有偏见的和"公正的"从而可靠的真理之源的声誉。它还能赢得公众对科学社群管理其内部事务的能力的广泛信任。这样，正如政策分析家唐·普赖斯（Don Price）在1964年所描述的那样，科学是"唯一的一套这样的机构，它所获得的国家拨款几乎是建立在信任的基础上并受政府契约的保护；如果说社会契约不是保护它在实验室内维持修道院般的平静的话，那就是保护它的自治"。[①]

这宗婚姻是在一个特定的时代里缔结而成的，当时人们极端相信科学是技术进步的基础。这种认识在1957年苏联人造地球卫星升空之后达到了顶峰。那时的经济增长和冷战竞赛有利于发展科学，但是婚姻中的极乐时光稍纵即逝。到60年代末，反战运

---

① Don Price, "The Scientific Establishment", *Science and National Policy-Making*, Robert Gilpin 和 Christopher Wright 编（New York: Columbia University Press, 1964), P20.

动和环保运动对许多起支配作用的机构提出了质疑,而科学就被包括在内,这种紧张状态使婚姻关系受到侵蚀。接着,在随后的几年里,科学变得越来越有争议。动物权益运动为早就被接受的研究方法设立了障碍。特创论者阻挠在学校里教授进化论。反堕胎主义者阻挠开展胎儿研究和胚胎研究。男同性恋权利活动家向妨碍获得艾滋病治疗的科学程序提出了挑战。在道德上持保留态度的宗教团体,与有经济利害关系的农民手拉手地反对生物技术的应用。在这种广泛的公开化的批评浪潮中,这些群体不断地对科学是社会进步的基础的形象深表怀疑,向科学作为中立性的权威之源和无偏见的专门知识之源的角色提出挑战。他们还对科学技术与社会进步之间的关系越来越不肯认同。

到了20世纪90年代,科学与国家之间存在已久的琴瑟和谐般亲密关系也恶化了。这种关系已经不大像是婚姻关系,更像是一种经过谈判而达成的协议,或者与其说是建立在信任上,还不如说是建立在相互认可的利己主义之上的权宜之计。而且,正如在所有这类脆弱联盟中那样,关系是非常紧张的。

就政府而言,它没能满足契约对它的要求,即提供没有前提条件的资助。恰恰是在尖端领域研究的开支上涨的时候,政府对科研的经济资助减少了。这主要是世界局势特别是冷战结束、国防经费削减和国家赤字增加带来的后果。很多科学家曾经依赖于五角大楼,后者在国家安全这一醒目标题下能提供大量的资金。甚至后来像冷战一样变成了科学资金的来源的"健康战",也不再具有优先地位。同时，削减赤字的气氛和对纳税的痛恨影响了资助科学机构的预算。对于科学家来说，他们越来越难以从政府机构得到资金支持，而那些获得了资助保证的科学家则要受到更多的监控。

由于经济竞争使军事战略目标相形见绌，很多科学家将其研究重点转移到有助于解决短期的且与商业赢利相关的项目上去。毫不奇怪，商业资助者要求按照利润原则安排计划。因此，由科学好奇心不断推进的科学的形象，科学作为无止境的前沿和进步的驱动力量的幻象就越来越被乌云所遮蔽了。那种维持着社会契约的有关科学和技术拥有极度乐观未来的情绪消散了，科学家和现在的其他机构与大多数人一样，必须适应于用较少的资源开展科研活动。

政府政策的变化主要是受经济环境驱动的，但是它也反映了公众对"大科学"的疏远。20世纪80年代在新闻媒体中广泛报道过的一系列意料之外的失败，为人们对资助花费昂贵的大科学计划是否明智的疑虑增加了证据。挑战者号航天飞机失事只是很多遇挫的巨型计划中的一个，此外还有耗资20亿美金的哈勃望远镜和火星宇宙飞船。接着在1993年，那个对撞机中的巨人即超导超级对撞机变成了巨型科学无效率的一个典型，大规模的科学计划难以管理的一个实例。在对于许多人看来事关科学的政治前途的决策中，国会撤销了资金支持。

契约中的科学家一方，即科学家对自律的承诺，同样也变质挑战者号航天飞机失事是一个悲剧,一个挫折,但不是失败。就公众意识来说,这次失事激起了公众对空间探索的更大热情。哈勃太空望远镜更不能说是一个失败,1990年4月由发现号航天飞机放入太空后,它的主镜成像模糊不清,但是1994年由奋进号航天飞机携带光路修正器对它的聚焦系统作了非常成功的纠正,以后它拍摄的高精度天体照片为天文学各个分支领域的进步起到了举足轻重的作用。作者的这篇文章写在1996年科学大战发生之后,仍旧引用这些所谓的失败事件作为论据,是失察的。

了。对供职于高度专门化领域的大量科学家实行控制,特别是在竞争日益加剧的环境下保持对他们的控制,变得越来越难了。最引人注目和众所周知的问题是科学上的渎职和欺诈事件。科学家曾经对有关这些弊病的报道看法不同:有些人认为欺诈只是少数"坏苹果"的越轨行为;其他人则把这看成是暴露了科学组织中基本结构性的缺陷。但是一致的看法是,科学中的欺诈行为损害了科学事业的道德根基,它对科学社群自律的能力提出了严重挑战。

欺诈现象只是对自律的可行性提出了怀疑的多个问题中的一个,其运作机制是同行评价体系。但是有些科学家绕过了这道关卡,不经过耗费时间的同行评价程序,直接向媒体公布那些他们觉得具有新闻价值,而且应该公之于众的研究成果。犹他州立大学的冷聚变实验和明尼苏达州立大学的同卵双胞胎行为研究,只是很多此类例子中的两个。在这些风波中,要么就是科学家被专业期刊拒绝,要么就是他们太没有耐心等待同行的评价,而直接将所谓成果捅给了新闻界。

科学家们也在努力适应有关伦理滥用的反复揭露,特别是对那些有争议的人类实验的揭露,这些实验是在没有充分的预防措施或者未获得实验对象自愿认可的情况下进行的。黑兹尔·奥-利里(Hazel O'Leary)对政府资助违反伦理的研究课题的历史研究,不仅揭露了政府政策的缺陷,还对暧昧研究中广泛存在的科学同谋现象进行了曝光。冷战后契约中的"自治"总有一厢情愿地考虑问题的成分,好像科学家都一头扎进冷战文化中,使得把加钚的牛奶喂给智力迟钝的儿童似乎也是很必要的。在20世纪50年代,公众无从获悉此类行动的信息;在90年代,这种信息得到广泛的传播。这样在90年代,像涉及滥用联邦研究基金和企业行为引起利益冲突之类的事件,无可避免地要成为公众争论的话题。①

我们之所以能看到这些问题,有一部分多亏了媒体的关注,但是在科学内部确实发生着变化。公司对科研活动的影响是重大的,特别是在像生物技术这样的领域。企业与大学之间的合作所具有的重要性已经给公众留下了这样的印象:第一,科学是某种待价而沽的东西,某些科学家就是某个商业集团的御用学者;第二,与其说科学信息是公众资源(这一点是原来契约的最终基础),还不如说是私人物品。

总之,在90年代,科学已经变成了一个与它和国家签订契约

---

① 请见 David H.Guston 和 KennethKension 编 *The Fragile Contract*(Cambridge,mass: MIT Press,1994)一书中的讨论。

时大不相同的事业。它规模更大，花费更多，更具争议性，而且更难以控制。筹资越来越多看来是必需的，而低于通货膨胀率的预算计划被科学家们认为是"糟糕的"。而且，科学社群正面临着内在的两难境地，这种两难已经动摇了科学家一方的协议基础。对于科学家来说，下述变化真成问题：一些已经制定并能产生结果的计划被搁置下来了，而一些受过良好训练的年轻科学家却无事可干。打乱旧秩序总是费劲的，而科学家也有理由感到苦恼。但是该责备谁呢？

用玛丽·道格拉斯的话来说，受到围攻的机构寻求"把各种看法都纳入到与他们认可的关系一致的形式中去"。① 为了保护其疆界，一个"体制化的社群扼制个人好奇心，组织公众记忆，而且大言不惭地把确定性强加在不确定性上"。这就是科学大战发动的真正原因。正如报纸撰稿人芭芭拉·卡利顿（Babara Culliton）所描述的，科学界正"用尽全身解数来复活曾经在美好的旧时代支撑科学宝座的那些价值"。② 于是，在防备其学科受到公众批评的时候，科学家怀着异乎寻常的激情慷慨陈词，以支持他们自己那令人泄气的客观现实。他们想让人们再一次把自己看成是追求真理的纯粹而清白的勇士，他们还想用这样的词汇来定义自己的历史和当前的实践。不去组织起来对抗公司国家的政治术或宗教基要

---

① Mary Douglas, *How Institutions Think* (Syracuse, N.Y.: Syracuse University Press, 1986), P92.

② Babara, J.Cullion, "A Conundrum of Ehics", *Nature Medicine* 1, No.2 (1995), P97.

主义者越来越大的影响,科学的鼓吹者却提议建立"真理小分队"来对付"科学哲学的垃圾"。他们还打算训练职业科学家来接管科学史的教学工作。接受这种建议意味着回到过去,当时科学的史话是一种英雄颂歌,科研拒绝社会急需和文化信仰的影响,对科学政策的分析除了鼓吹增加科学资助之外别无他物。

科学报复的目标之一是一个由史密森学会举办的名为"美国生活中的科学"的展览。这个由美国化学会资助的展出,并不想简单地普及科学知识,而是想检查一下科学在社会中所扮演的角色。因此,它既描绘了由科学进步获得的利益,也描绘了科学进步带来的代价。科学家们,尤其是那些觉得最受预算变化威胁的物理学家们,对此反应强烈。这种反应看上去与反对在国家航空航天博物馆举办"伊诺拉同性恋展览"的老兵们的举动非常相像。他们希望这个展览赞美科学,而不让触及科学的消极面。

二战老兵想控制对其历史的解释并不

有些科学哲学家的言论之所以被视作"垃圾",是因为他们对自己所评论的科学确实是一知半解,甚至不知不解。霍金讥笑科学哲学家们还在为量子力学争个喋喋不休而无法跟上理论物理学的进展。事实上,从事科学哲学研究的人真正理解量子力学的为数也不多。

令人吃惊,特别是在现在这么一种文化气氛中。这种文化气氛正如作家汤姆·恩格尔哈特(Tom Engelhart)说的,已经远离"胜利文化"。[1] 由于对于针对惹麻烦的事件(这些事件曾经给他们的人生带来荣耀)进行的批评性诠释非常敏感,老兵们捍卫他们对这些事件的传统认识,憎恶职业历史学家的怀疑主义,后者把他们的分析建立在档案研究的基础上。但是看起来令人不解(如果不是惊讶的话)的是,本身就在追寻新知识的科学家们竟然也津津乐道于传统,会以如此情绪化的热诚来谋求对科学史的控制权。他们当然知道,置身其中的参与者难免以自身利益的狭隘目光来看待历史事件,而追求公正的怀疑主义则是研究活动(无论是社会科学还是物理学)这整台戏不可或缺的一幕。

预算削减了,科学文化并没有销声匿迹的征兆。虽然科学的某些特定领域遇到了挑战——特别是像NASA或聚变这样的大科学计划,但科学在人类事务中作为理性典范的形象并没有从根本上受到怀疑。具体地说,研究科学的历史学家和社会学家总是不得不向科学家证明其工作的合理性,并从科学标准的角度证明其可信度。

此外,美国社会也绝没有抛弃科学。与福利母亲、慢性病患者、艺术家以及其他穷苦的人群不同,当政府资助降低的时候,很多科学家还可以依靠工业基金和私人基金从事研究。国家科学基

---

[1] Tom Engelhardt, *The End of Victory Culture*(New York: Basic Books, 1995).

金的预算计划呼吁增加对基础研究的资助,却抹去了对社会科学的大部分支持。也许在这条战线上,科学家打赢了他们的战争。

总之,科学大战看起来是不合时宜的。近来有很多东西威胁着科学理性——分别来自基要主义者、右翼政客、本土文化保护主义者和其他反自由主义势力。自然,对学术研究人员进行攻击容易得手,但其攻击方向是非常错误的。在战略上,它同样受到了错误的指导。和任何其他领域一样,历史研究和社会研究就其质量和洞察力而言差别非常大,但是这场战争并不对自己的靶子进行区分。通过把使科学非神秘化的努力与摧毁科学研究的企图等同起来,通过把对科学行为进行怀疑论的学术探索与民粹主义者对专业分工的摧毁混为一谈,通过加入针对所有对科学提出疑问的人的对抗性的论战,科学家们正在促进两极分化和刁难理性的讨论。当科学大战对有关其研究方式及其自由表述思想的权利提出挑战时,善于思考的学者,甚至那些身处争论之外的人都被迫选择一个阵营。在这样一个学术机构普遍受到围攻的时代,用这种方式把学术界分成相互征战的派系,是绝对事与愿违的。

通过防备自己受到如此仇视的外来抨击的伤害,科学家们只会强化其职业是傲慢自大的、不关心社会需要的和不对任何人负责的公众形象。由于自我封闭和抱成团儿,他们看起来只不过是另一群追逐名利、自我保护的人而已。而且,通过宣称自己在定义真理方面具有绝对权威,他们的行为活像一群基要主义者。

最后,通过欲使批评家们丧失可信度的自以为是的努力,科

批评者首先要对批评对象作充分了解，批评科学首先要理解科学，理解所用到的如非线性、测不准、量子引力这些概念的确切含义，这应该是批评家们获得可信度的最基本要求。

学家们正在把人们的注意力从重要的问题上引开。什么是科学探索的道德边界？当保健、福利、教育甚至学校的午餐计划都面临着经费大削减的时候，难道对不断扩张的科研计划不也应该设置一个限度吗？考虑到科学在人类社会中的重要性，对科学活动、科学社群的性质以及有关知识生产和知识解释的争论，用社会学方法作出有根有据的解释又有什么错呢？难道只允许对科学进行推广、赞颂和宣扬吗？如果真像科学家所宣称的那样，科学素养是一个重要的目标，使科学非神秘化，揭示它如何发挥作用，而且把它作为一个社会机构进行评价，就可能对公众理解科学作出有益的贡献。而且，加深他们对不可避免地会影响其未来的不断变化的社会和政治现实的理解，这不也是对科学家们有所贡献吗？

选自《科学大战》，（美）安德鲁·罗斯主编，夏侯炳、郭伦娜译，江西教育出版社，2002年。

关于科学和反科学的十个命题

理查德·莱文斯

| 导读 |

理查德·莱文斯（Richard Levins），曾在康奈尔大学学习作物育种和数学，后进哥伦比亚大学攻读动物学，1965年获博士学位。曾在波多黎各大学和芝加哥大学任教，现任哈佛大学人口与国际卫生系约翰·洛克人口科学教授。研究领域为：生态学、生物数学、科学哲学。获得过爱丁堡科学奖章和卢卡克斯（Lukacs）21世纪奖等多种奖励。合著有：《辩证生物学家》《根植于一个复杂生态群落的农业生态系统》等。

自从激进分子把科学当成一种解放力量以来，既作为社会批评者又作为科学家的马克思主义者就一直在探讨科学互相矛盾的本质。因为马克思主义者关于科学的认识存在如此丰富的差别，我无法指明下

> 作者在这里先作一个宽泛的界定，然后说科学与其他知识系统在这个宽泛意义上没有差别，但这样一个陈述是没有意义的。因为对各种知识系统的认识程度已经越过了这个宽泛的界定，已经有了很精致的模型来描述科学这个独特的知识系统的进步模式是如何与众不同的。

面的哪些论述是马克思主义的立场。我只能以纲要的形式阐述曾经指导马克思主义科学家进行科研的一些有关科学的命题。

（1）所有知识来自经验和对当作以往知识的那种经验的反思。从这个意义上说，科学与其他学习模式没有特别不同之处。

我们的科学的特点是，它是分工过程中一个特定的环节，在这个环节中，资源、人员、机构以特定的方式进行划拨，以便把经验组织起来去完成科学发现的任务。在这一传统中，人们自觉地努力辨认错误的来源和种类，纠正变化无常的偏见。这常常获得成功。我们对可能起混淆作用的因素保持警觉并知道必须进行受控比较；我们懂得了联系并不意味着原因，实验者的期望可以影响实验；我们还学会了怎样清洗实验室的玻璃器皿以避免受污染，怎样从大量的数据中整理出趋势和区别。我们的自我意识减少了某些错误但无法根除之，也不能从整体上保护科学事业不受其实践者共有偏见的影响。

另一方面，所谓的传统知识并非是静态的或轻率的。作为奴隶被运送到美洲的非洲人（大概大多是女人），很快发展了一种非洲—美洲草药医学。它一部分来自关于非洲和美洲植物的记忆中知识，一部分借用了印第安人的植物传说，还有一部分来自依照非洲惯例所做的关于药用植物特性的实验。传统医学的传授总是包含着实验，即使这种传授表现为传递先前存在的知识。最后，在非欧洲／北美洲的医学中，开出各种草药处方的标准，可能比美国医学科学实践中指导剖腹产、起搏器植入或乳房切除术的决定的标准有更充分的根据。

即使是被描述为直觉（相对于理性）的知识也源于经验：我们的神经／内分泌系统是一个绝妙的整合器，它把人体丰富的、复杂的历史纳入一个不知其来源或构成的整体把握之中。科学知识和直觉知识在认识论上并非根本不同，其差别在于生产它们的社会过程中，它们也并不互相排斥。事实上，我给公共卫生科学家们教授

> 在非洲大部分地区，一些较轻微的病如头痛、咳嗽等，常常认为是由自然引起的，可以自行治疗，不必求助巫医。对于较严重或长时间不愈的病，则进行占卜或使用草药。非洲草药可以采取一切方法用于人体的各个部位。

数学的目的之一在于训练其直觉，以便使神秘的东西变得显而易见，使复杂的东西失去使人畏惧的力量。

（2）在处理新东西的时候，所有的发现模式将新东西当旧东西那样来对待。因为新东西常常像旧东西，科学才有发展前途。但有时新东西与旧东西极为不同；当简单地反思经验不够用时，我们就需要一种更自觉的发现策略。这时有创造力的科学成为必需。从长远来看，我们肯定会遇到比我们所能想象的更为奇怪的新鲜事物，而且以前很有根据的想法会被证明是错误的、有局限的或不相关的。这在下列所有情况下都是正确的：现代社会和传统社会，有阶级的社会和无阶级的社会。因此，现代欧洲／北美洲的科学和其他文化知识不仅是不可靠的，而且最终肯定是错误的。

把某物看成是"科学的"并不意味它是真实的。在我的一生当中，下面的各种科学发现要求，如"惰性气体"的不活泼性，把生命物体分为大的群体的方法，关于远古人类的观点，神经系统用作电话交换机的模式，关于微分方程的长期结果的期望以及生态稳定的观念，都被新的发现或观点推翻了。建立在科学基础上的主要技术成就，已被证明导致了灾难性的后果：农药使害虫增多；医院成了感染的温床；抗生素导致新的病原体产生；控制洪水加剧了水患；经济发展增加了贫困。我们也不能设想，错误都是过去犯下的而现在我们找到了正确的答案——一种关于科学的"历史终结"的信条。错误对于现实存在的科学来说是内在的。当代并不具有独特的认识地位——我们只是碰巧地生活在这个时代而已。

因此,我们必须把理论的"半衰期"这一观念看作对科学过程的正常描述,甚至可以发问(但不一定回答):"在什么情况下热力学第二定律能被推翻?"

(3)所有的认识模式都以一个观察位置为先决条件,这对其他物种和我们人类是一样真实的。每个观察位置界定,在大量的感官输入中什么是有关的,从有关的客体那里探询什么,怎样去找到答案。

物种的感觉道决定着观察位置。比如,灵长类和鸟类绝对地依赖于视觉道。借助视觉信息,物体与物体之间有清晰划分的边界。但在气味为主要信息源的物种那儿,比如蚂蚁,情况就不是这样。一只安诺兰蜥蜴把活动的物体看作适合于果腹的食物或者代表着危险。一只雌性蚊子把一次秘密学术会议设想为二氧化碳、水气和氨气的浓度变化梯度,这预示着一顿血液美食。而一只海葵相信,海水中的谷胱甘肽是它伸出其触须捕获一餐食物的充足理由。我们居住于地球表面的事实,使我们的下述行为似乎十分自然:天文学集中关注行星、恒星及其他天体而忽视它们之间的太空。我们的生命时标使得植物看起来是不动的,直到逆时摄影术才使它们的变化明显起来。我们与那些在时间和大小量度上与我们自己相同的物体打交道最为舒适,并且不得不发明特殊的方法来处理那些极小的或极大的、极快的或极慢的对象。

（4）为了生存和使一个充满着各种潜在的感官输入的世界具有意义，一个观察位置是绝对必要的。许多学问致力于界定相关的事物，以及确定什么东西是可以忽视的。因此，对发现科学中角度的普遍性作出恰当反应并非徒劳地试图消除观察位置，而是负责地承认我们自己的角度，并且利用这一知识来批判地看待我们自己的和其他人的意见。

（5）科学具有双重性。一方面，它不仅导致了对世界的理解和指导着我们的行动，还确实促进了我们与世界其余部分的相互作用。关于血液循环、物种地理学、蛋白质的缠绕以及大陆的分合，我们确实知道了许多。我们能读懂十亿年前的化石记录，重建过去的动物和气候，重现星系的化学构成，追踪神经传递的分子路径和蚂蚁的嗅觉踪迹。我们还能发明工具，这些工具在产生其理论已经变成知识史中古雅的脚注以后很长时间仍然有用。

另一方面，作为人类活动的产物，科学反映其生产条件及其生产者或所有者的观点。科学的日常工作，招募并训练某些人而排除其他人成为科学家，科研的策略，调查研究所用的物质手段，形成课题和解释结果的智力框架，判断课题成功解决方案的标准以及科研成果被应用的条件，这些都只能是科学及其相关技术的历史的产物，只能是形成它们、拥有它们的社会的产物。认识的模式和科学方面的无知并不受自然的支配，而是受利益和信念的驱使。我们轻易地把自己的社会经验强加于狒狒的社会生活，把我们有关蕴含着一个控制者和被控制者的等级制度的商业秩序的认识强加于生态系统和神经系统的管理上。为浩如烟海的数据所支持的理论,其令人迷惑的特性往往是系统的,固执己见的。

大多数科学分析未能考虑到这种双重性。它们只注意到科学的这个方面或另一方面。一部分人把科学知识的客观性强调为我们了解自然的过程中有代表性的普遍的人类进步。然后他们轻率地说,那些显然有问题的社会倾向以及为人熟知的反人类的科学应用是"滥用",是"坏的"科学,同时将科学模式作为中立的真理探索事业完好无损地保留下来。

或者,他们用科学的社会倾向的日益增强的意识来反对科学对有效性的任何要求。他们想象,理论与他们研究的客体无关,它只是为达到个人职业或者阶级、性别以及国家统治的唯利是图目的而发明的整幅布。①

在强调科学的文化局限时,这些分析无视巴比伦、玛雅、中国和英国的天文学及其历法的共同特征。他们各自起源于不同的文化背景,却观察着(或多或少)同一片蓝天。他们用非常不同的方法认识同样长度的岁月,注意到同样的月亮和行星,计算着同样的天文事件。

社会决定论者还无视巴西和越南对药用植物的类似应用,他们对植物和动物的命名大致对应于我们对物种的分类。所有的人们寻求有治愈作用的植物,并倾向于找到相似的草药的相似应用。

---

① whole cloth,(未裁剪过的)整幅布,借指纯属捏造的、虚假的事物。——译者注

我们自己之外的其他传统也有他们的社会背景。巴比伦的祭司或旧中国的官员都不是资产阶级自由主义者，但是他们并不更聪明，或者更不受观点制约。"古人云"这个短语并不能告诉我们他们所说的有多大正确性。古人像现代人一样，属于某种性别，有时属于某一阶级，总是属于某一文化；他们在其观点中表达了上述处境。其思想在著述中得到保存的那些古人，也不是古人的随机样本。

但是，受社会决定和观察位置制约并不意味着武断。所有理论最终都是错误的，但有些甚至在某段时间内也不正确。科学的社会决定性并不包含对显然错误的种族或性别优越的教义，甚至种族范畴本身的辩护或容忍，不论是在常规的学术形式之中还是在基督教身份运动（Christian Identity Movement）中"亚当式的人"或"泥人"都是如此。种族主义是较之种族更为真实的对象，它决定了种族的范畴。

因此，科学分析家的任务就是，探寻在不同的劳动条件和不同的社会约定下，

> 科学怎么会有了阶级性呢？科学的源头在古希腊，那里并没有资产阶级一说。

智力劳动与其对象之间的相互作用和相互渗透的情况。研究的艺术就是一种敏感性，它能判定一个有用的和必需的简化何时变成了一个令人迷惑的过度简化。

（6）现代欧洲／北美洲的科学是资产阶级革命的产物。它与现代资本主义分享着自由的进步党人的意识形态，这种意识形态影响着科学实践，而后者也有助于这种意识形态的铸造。总体上像资产阶级自由主义一样，既是自由的，也是非人化的。它宣布过它并不十分情愿的普遍观念，但在实践上违背它们，有时揭露这些观念甚至在理论上也是难以忍受的。

因此，存在几种对科学的批评。保守的批评继承了前资本主义的批评，它为科学知识向传统宗教信条以及社会规范和统治者提出的挑战所烦恼，它不赞成观念和价值判断的独立性，它不在权威已有定论的地方寻找新证据，因此，它对科学的激进一面最为恼火。创世论者十分精确地确认科学的意识形态内容（他们称之为现世人文主义），反对那种认为科学是中立的意识形态对立物的自由主义信念。但不管他们在科学期刊中找到了多少与进化论者相冲突的证据和多少现代进化理论的弱点，他们的挑战并不是要求科学更"科学"，更民主，更不受压制性的意识形态束缚，以及更为门户开放。相反，他们建议返回信仰，回到更为明显的那些权威，回到反理性的确定性。他们主要的反理性主义常常表现在，为科学家们与"无知者"的智慧相违背的愚蠢言行感到高兴，一种一开始看来很吸引人的民主味的高兴。但这并非就断言，每个人都能严密地和训练有素地思考。相反,从偏爱未受教育的确定性的自发聪明出发,它全盘否定严肃的复杂思考的重要性。他们接受了知识对价值的二分法,在存在冲突时倾向于其特定的价值。

同时,作为一种关于世界的整体论的、"有机的"看法的代言人,保守的批评拒绝现代科学中分裂的和简化的方面。在美学和情感的水平上,他们的整体论部分地回应了激进批评主义的观点,由于强调协调、平衡、法律和秩序以及事物现有的、曾有的或想象的存在方式在本体论上的正确性,他们的整体论是等级制的和静态的。

对科学最一贯的自由主义的批评接受科学是有效目的的要求,但批评那些与它们相冲突的实践。他们赞同科学是公共的知识,为军事部门和商业所有权强加于它的秘密性感到痛惜。他们要求仅由资本决定的科学走上民主之路,为在科学训练、就业和可信性上设置的阶级、性别和种族障碍而痛惜。他们赞成思想应仅仅根据其本身的是非和证据来评判,而不考虑这些思想的来源。可是他们看到,一个丰富的词汇表被用来把非正统的思想及其主张说成是"脱离实际""胡吹""意识形态""非主流""不可信""逸事趣闻"或"未经验证",从而增加了等级制的可信性。他们可能会对利用科学生产有害商品或罪恶的武器,或者利用科学为邪恶辩护感到震惊,却不放弃那种把思想和感情分开的信念。

因为在官方科学中存在明显的盲目性、眼光短浅、教条主义、不宽容以及既得利益,替代科学运动已经兴起,在保健和农业中这种运动尤其强劲。因此，它们也必须接受与我们用来查看"官方"学相同的工具的检验：谁拥有它们？它们来自何处？它们表达了什么观点？它们怎样得到证实？它们表现出何种的理论偏见？由于它们根植于资本主义环境中，这些替换物也是一个为剥削、为生产商品服务的领域，并且常常套上无耻的商业骗局的外衣。它们也有阶级根源，这种根源使其中一些人把个人原因与社会原因分开（例如，一方面批评制药工业的魔弹，另一方面却兜售他们自己不可思议的"天然"疗法；或者一方面宣传整体论癌症治疗，另一方面却无视许多癌症源于工业污染）。替代科学社群是这样一些势力范围，在那儿富有创见的激进批评与中小型企业主搅在一起。

马克思主义批评者试图从科学的解放性和压制性这两方面来审视科学，将其有力见解和盲目好斗看作是欧洲自由资本主义男权主义利益的商品化表现，看作是组织起来对付真实的自然现象和社会现象的一种意识形态的商品化表现。它的意识形态既是欧洲自由主义的产物，也是对于这一意识形态作出的一种出自内心的贡献，而不仅仅是其消极的反映。

对农业、医学、遗传学、经济发展以及其他应用科学领域激进的专门批评，指出了限制科学达到其既定目的的能力的外部问题和内部问题。外部指的是科学作为知识产业持这样一种社会立场：在权力和利益的控制和指挥下，为受共有信念的指导、大多由男人从事的事业服务。把人们招收进或排除出科学的方式，把科学划分为学科的不同分支，隐蔽的边界条件，这些限制其探索活动的因素在我们考察其社会背景时都一清二楚了。我们可以把医学和农业中化学疗法的主要形态当成是由化学工业产生的知识的商品化表现来研究。但这种对分子魔弹的依赖也与17世纪以来统治欧洲／北美洲的简化论哲学协调，而这种哲学又受到资产阶级社会生活中原子论经验的支持（当我们寻找联系时，我们看到事实上"内部"和"外部"并非严格的非此即彼的解释，即又一个普遍原则的范例：不存在重要的、完全的、分离的实在分支。然而科学仍为错误的二分法所困扰：有机体／环境，自然／环境，决定论的／随机的，社会的／个人的，心理的／生理的，硬科学／软科学，从属变量／独立变量，等等）。

"内部问题"指的是科学中的那种简化的、分割的、非语境化的、机械论的（相对于整体论的或辩证法的）意识形态以及自由的、保守的科学政策。马克思主义批评家和其他激进批评者一直号召扩大调查研究的范围，将其置于历史语境中，认识现象之间的相互联系以及处理事务的优先次序；而保守的意识形态，则通常提倡有关狭窄圈定的客体的精致精确度，提倡接受边界条件——甚至无须确认之。

（7）对科学的激进批评也扩展到了科研过程的内在活动。在探讨一个新问题时，我的马克思主义立场鼓励我问两个基本问题：为什么事物是它们原本的那样而不是有一点点不同呢？为什么事物是它们原本的那样而不是极为不同呢？这里所说的"事物"有双重意义，既指研究的对象，又指研究它们的科学的状态。

牛顿主义者对第一个问题的回答是，事物之所以是它们原本的样子，是因为它们并没有发生什么。

而我们的回答是，事物之所以是它们原本的样子，是因为有相反过程的作用。这第一个问题是关于系统的自我调节的问题，是关于内环境稳定的问题。面对经常变动的影响，事物如何保持其自身能被人们认识呢？一旦提出，从狭隘的意义上说问题就进入了系统论的领域，即复杂系统的数学模型设计。这一学科以一系列的变量以及它们的联系和应用方程开始提问：系统稳定吗？在发生扰动之后需要多久才能恢复自身？它对自己环境中的持续变化有多大反应呢？它能容忍多少变化呢？当外部事件影响系统时，它们如何渗透整个网络，在某些通道上被放大而在其他通道上被缩小？我们的工作要运用这样一些概念，例如肯定和否定的反馈回路、通道、联系、下沉、拖延、反射屏障和吸收屏障。从研究本身而言，这一分析是"客观的"。但变量本身是社会的产物。例如，表面上没有问题的人口密度概念至少有四个不同的定义，当对测量进行跨国界或跨阶级的比较研究时，这些定义会导致不同的测量方案和不同的计算结果。我们可以简单地以整个地区（或资源）去除人口总数：

$$D = \sum 人口 \Big/ \sum 地区$$

如果问，人们生存的平均密度是多少？那么，我们可以用下面的公式计算：

$$D = \sum (人口 / 地区)(该地区的人口) \Big/ \sum 人口$$

这样就能得出人们所拥有的资源或土地方面不平衡的状况。另外，我们可以从资源的角度进行同样的计算，那么每人的资源总量为：

$$D = \sum 地区 \Big/ \sum 人口$$

资源利用的平均强度由下式求出：

$$D = \sum (地区 / 人口)(地区) \Big/ \sum 地区$$

这样，即使是似乎客观进行的测量结果也带上了观点，而这要么被考虑到，要么被隐瞒起来。南希·克赖格（Nancy Kreiger, 1994）用不规则碎片形自型的隐喻强调，社会的和生物的不可分离在所有水平上都存在，即从最宏观的宇宙到传染病学中微观世界的精微细节。

第二个问题是关于演化、历史和发展的问题。它的基本答案是：事物之所以是它们本身的样子，是因为它们自主行事，而并非因为它们不得不走那条路，或者总是走那条路，或者因为它是一条唯一能走的路。从这一视角我们再次检验第一个问题并且问：系统中究竟有哪些变量呢？它们是如何到达那里的？关于系统我们真正想找到的是哪些东西呢？你所说的"我们"指什么人？谁在说话？如果新的联系出现，那么，老的联系减少吗？变量是合并还是细分？方程式本身有变化吗？我们应该用方程或其他方式进行描述吗？既然我们知道我们使用的这些模型并非像照片一样准确地反映实在，那么，源于假设中的偏离会怎样影响输出呢？什么时候这会有意义？

在第一种阐述中给定的东西现在变成了问题。正是在这里，当与感兴趣客体的真实知识和工艺性的操作技巧结合在一起时，马克思主义辩证法的强大洞察力是最能出成果的武器。人所熟知的关于对立面的相互统一和相互渗透、普遍联系、在对立中求发展、整合水平等在正规手册中那么干巴巴的命题，在这里汇聚成丰富的含义，迸发出创造潜力的火花。

最后，同样这些方法被作为其自身历史环境的结果和马克思主义运动的综合用于检验那些作用于马克思主义本身的历史限制条件。但这些方法不能按机械论的、实在论的方式用作排斥概念，因为它们是欧洲的，故排斥拉丁美洲；或者因为是男性的，故与女性无关；或者因为源于19世纪，故不适用于21世纪。毕竟，每一种观念在大多数被运用的地方都是异质的，在世界上所有地方大多数现行观念都有其外来根源。相反，历史语境可以用来批判性地评价观念，以找出其见识和限制，以及必需的信息。女性主义运动和生态保护运

> 女性主义通常以18世纪的思想启蒙为起源。在19世纪，人们越来越相信女性处在一个以男性中心的社会并受到不平等待遇，因而渐渐转变为组织性的社会运动。1848年在纽约州色内加瀑布市召开的第一次女权大会是有组织的女性运动的起源。

动的见解，尤其是那些与马克思主义重叠的分支的部分，在获得这种检验所需的隔离方面尤其有益。那些已经退到大多数马克思主义者视界边缘的命题，现在可以被恢复到它们在历史唯物主义中的正确位置上，而社会则作为生产和再生产的社会模式／生态模式得到更丰富的研究。

（8）虽然不同的理论运用不同的术语，观察不同的客体，有不同的目标，但他们并非不能互相理解。林奈把物种看作创世时固定下来的，每一个具体的例子是范型设计的异化的变体。进化论生物学家把不同物种看作是具有内在异质性的群体，而且屈从于变化的力量。于是，对典型的描述被视为一种来自真实动物或植物系列的抽象。然而，我仍然用林奈给类和种起的拉丁名字，林奈本人可以认识其中许多物种，我就可以与林奈谈论植物，争论其结构或地理分布。冥冥中的他得知我们发明出新的区分相似植物的技术方法，定会感到高兴。我们在同一物种内变异的意义问题上观点不同，我不知道他会对相似性常常意味着同源性这一令人震惊的思想作何反应，但我们可以讨论。

甚至跨越更大的文化界限也是真实。所有人都命名植物和动物。大多数人对与不同的林奈物种类似的植物起不同的名字，并且非常像我们这样划分植物世界。他们也倾向于对那些必须区别对待的有机体作更细致的区分。像我们自己的理论一样，他们的理论也"起作用"。它们指导行动，而行动常常足以导致可以接受的结果。不管你是一位知道达连安有一半蛇有毒的现代动植物分类学家,还是一个会告诉你所有蛇都有毒、但只有一半的机会能杀死你的有色人,实际的结论都是相似的:出入树林时,要提防被蛇咬。

更进一步,调查研究工具比理论表现出更大的连续性。伽利略会对我们更复杂的望远镜印象深刻,但他不会在现代观察手段面前完全不知所措。虽然一个马克思主义经济学家不会对新古典主义学派的输入输出均衡模型,或者对于商业头脑来说非常亲切的成本效益分析的技术感兴趣,但他/她对这些是完全可以理解的。声称不同的看法是不能比较的,使用不同的语言,也找不到联系点,这是对社会观点的理解的严重歪曲。理论障碍并不意味着那种远距离观察者所想象的基于经验的孤独。

(9)自然和社会的多样性并不妨碍人们进行科学理解。每个地方都是明显不同的,每一个生态系统都有其自身独有的特点。因此,生态学并不寻求下述普遍原则,比如"植物的多样性由食草动物决定",或者试图通过掌握降雨量来预测某一地区的植物群。它所能做的是探索差异的样式,产生独特性的过程。因此,在一个岛上的物种数量,取决于迁移植物和增加数量的物种形成的过程以及减少数量的物种灭绝的过程。我们可以进一步地把迁移与距迁移源的距离、灭绝与习性的多样性以及地区和种群结构联系起来,尝试解释为什么迁移者是某一特定的种类,等等。在很小的岛上,由于种群数量不能持续到足以产生新物种,或者由于距迁移源太近以致不能产生区域分化,于是,其结果将会与那些非常遥远、有着高度生境多样性的岛屿大相径庭。

这样,用场所的特殊性来拒绝广泛的普遍性是不适当的。我们所寻求的是辨认驱动某种系统(例如,雨林、岛屿或资本主义经济)的动力的对立程序,而不是提出一个独特而普遍的结果。

(10)激进的科学保卫者不能按科学的本来面目捍卫科学。因此,我们不得不站出来,既批评自由主义的科学,也批评它的反动派敌人。目前右派对科学的攻击是对自由主义更大范围攻击的一部分,既然世界范围内社会主义的挑战消失了,自由主义不再是必需的了,在长期停滞时期加剧了的竞争使得为自由主义付出的代价显得太大。尽管这种对自由主义的攻击所反对的是学说中具有解放意义的方面,但对自由主义的反动派所实施的攻击则往往强调自由主义的压制性方面或无效性方面。

我们必须号召向被拒之门外的人开放科学,对那种建立在公司基础上的极为集权主义的结构模型实施民主化,并坚持把科学的目标定为创造一个与丰富多样的自然协调的正义社会。我们不应隐藏而应削弱专业知识迷信的基础,这样才有助于把专业探索与非专业参与联合起来。科学最理想的条件是,它一只脚站在大学校园,另一只脚站在斗争中的各种社群,以便我们既有来自具体场合的具有丰富性和复杂性的理论,又有与具体情况保持一定距离方可提供的起源于比较的看法和具有普遍性的观点。这也能让我们看到把我们与我们的同事之间既合作又冲突的关系结合在一起的可能性,以及政治承诺借以挑战各专业社群共享的常识的方法。

我们不应该伪装成一副无动于衷的中立姿态，或者追求这种姿态；相反，我们应该宣布我们工作的前提是：所有促进、证明或容忍非正义的理论都是错误的。

我们不应该掩盖或者只是私下埋怨有那么多公开出版的研究成果是浅薄之物，而应该把这种浅薄谴责为源于学术圈职业的商品化，源于那些占统治地位的日程表：它们把许多真正有趣的问题排除在外。

我们应该向科学中的个人主义竞争发起挑战，以便通过学术合作来解决真正的问题。

我们应该抛弃服务于商品化科学的简单化魔弹策略，以利于尊重世界的复杂性、联系、动态、历史性和矛盾性。

我们应该拒绝技术专家控制的美学，那样就能为世界的自发性而喜悦，为各种索引在掌握生活上的无能而高兴，欣赏那些不曾预见的和异常的东西，并且在对不可避免的意外作出富有远见的、友善的与温和的反应中，而不是在控制实际上无法

科学理论有所谓的正义与非正义之分？用这样的眼光来看科学，似乎是远离科学的客观性了。

控制的东西的过程中,来寻求我们的成功。

在反动派的进攻面前,坚持一种为人民的科学,就是对科学最有效的捍卫。

选自《科学大战》,(美)安德鲁·罗斯主编,
夏侯炳、郭伦娜译,江西教育出版社,2002年。

索卡尔的恶作剧[①]

斯蒂文·温伯格

| 导读 |

索卡尔"诈文"事件是1996年西方文化界相当轰动的事件,产生了深远影响,此后成为一个典故,留下了一个被人们长久讨论的话题。

1994年底,纽约大学量子物理学家索卡尔(Alan Sokal),向著名的文化研究杂志《社会文本》(*Social Text*)提交了一篇文章,题为《超越界线:走向量子引力的超形式的解释学》。文章于1996年发表,索卡尔随即向媒体宣布,上文只是一篇"诈文"——里面充满了故意安排的常识性的科学错误,是"一个物理学家的文化

---

① 此文发表在 *New York Review of Books*(1996年8月8日)上。斯蒂文·温伯格(Steven Weiberg)是位于奥斯丁的得克萨斯州立大学的物理学教授。曾因在基本粒子和场论方面的工作获诺贝尔物理学奖和美国国家科学勋章。

研究实验"。索卡尔试图借此嘲弄他认为充斥着各种"时髦胡说"的所谓"后现代知识界"。

现在看来，索卡尔"诈文"的做法本身是有问题的——类似于"钓鱼执法"。《社会文本》杂志是在刻意引诱之下犯了错误。这很容易让人联想起《阅微草堂笔记》中的一则故事：有一位先生平日道貌岸然，喜欢从道德方面对学生苛求，学生又无法反驳他，就买通了一位美貌妓女，让她深夜到书馆去引诱先生，那美人"言词柔婉，顾盼间百媚俱生"，先生没能抵御住诱惑。谁知第二天早上美人故意迟迟不去，等学生们都来了，还坐在讲坛上搔首弄姿，结果先生无颜为师，只好卷铺盖逃走了。其实这位先生道德上未必有太大问题，但让他深夜独对"百媚俱生"的美人，一时把持不住，就出问题了。在这个闹剧中，学生们的境界其实比那位先生更为低下。而索卡尔滥用了《社会文本》杂志对一位物理学家的正常信任，同样是境界低下之举。

其实对任何杂志而言，如果精心策划刻意让它出洋相，都是可能办得到的。"顶级国际科学杂志"，比如说 Nature，Science，哪家没发表过不恰当的文章？那些在事后才被揭露出来的造假文章，或是在科学事实上有错误的文章，不也经常出现吗？通常，科学杂志上发表了后来被证明是抄袭或造假的论文——那些还不是索卡尔式的"钓鱼执法"，往往也不过弄一个道歉或宣布撤销论文，就了事了。

索卡尔"诈文"事件发生后，出现了两个阵营：一个是以"科学共同体"成员为主的阵营,赞成或欣赏索卡尔;另一个是同情《社会文本》杂志和"后现代"学说的阵营。这里选了两篇立场敌对的文章,供读者对照参阅,避免偏听偏信。

温伯格(Steven Weinberg)作为典型的"科学共同体"成员,名头较大,是1979年诺贝尔物理学奖获得者之一,有美国科学院院士、英国皇家学会会员、美国艺术和科学学院院士等头衔,著有《引力和宇宙论》《量子场论》《最初三分钟》《终极理论之梦》等书,其中《最初三分钟》被翻译成22种文字。温伯格力挺索卡尔,1996年8月8日在《纽约书评》发表了"索卡尔的恶作剧"——从文章标题就能看出某种幸灾乐祸的心态。

安德鲁·罗斯在他主编的《科学大战》一书的引论中,明显同情《社会文本》。他是"后现代"阵营的成员,论"名头",和温伯格比起来难免相形见绌。但我们判断争论双方的是非曲直,作为依据的应该是理性,而不是双方"名头"的大小。

像许多其他科学家一样,我被纽约大学量子物理学家艾伦·索卡尔所开的玩笑逗乐了。1994年下半年,索卡尔向文化研究杂志《社会文本》递交了一篇诈文,在其中他评论了某些当前流行的物理学与数学中的课题,他假装迎合学术界某些时髦的评论家的文化、哲学与政治道德的立场(这些评论家对科学的客观性持怀疑的态度)。《社会文本》的编辑们并没有察觉到索卡尔的文章是一次恶作剧,他们把它发表在该杂志的1996年春夏季刊

斯蒂文·温伯格

上。[1] 索卡尔接着在另一杂志《大众语言》上披露了这一恶作剧,[2]其中,他解释说他在《社会文本》上发表的文章在"文字上带有明显的胡说八道"。在索卡尔看来,这篇文章之所以被接受,是因

---

[1] Sokal, Alan D, "Transgressing the Boundaries — Toward a Transformative Hermeneutics of Quantum Gravity," *Social Text* 46/47, PP217—252(1996).

[2] Sokal, Alan D, "A Physicist Experiments with Cultural Studies," *Lingua Franca*(May/June), PP62—64(1996).

为"(a)它听上去很不错;(b)它迎合了编辑们在意识形态上的偏见"。紧接着,遍及美国和英国的报纸和杂志纷纷地报道了这一事件。索卡尔的诈文看来加入到了学术界专门制造传奇故事的恶作剧的小公司,其中有查理士·道逊(Charles Dawson)伪造的皮尔唐人(Piltdown Man)的化石、詹姆斯·马克弗森(James Macpherson)所编造的假凯尔特人史诗中的奥西恩(Pseudo-Celtic epic Ossian)。所不同的是,索卡尔的恶作剧的目的是为了公众,他要引起人们注意的是学术界严格性标准下降的现象,正因如此,作者自己随即披露了这场骗局。

索卡尔讥笑的对象遍及了一个广泛的知识界领域。在人文科学领域中,有所谓的后现代主义,他们喜欢以他们自身的零碎经验和随意解释的本性,不断地涉猎诸如量子力学或混沌理论之类的科学前沿。某些社会学家、历史学家和哲学家把自然定律看作是一种社会的建构。还有某些文化的批判者,他们不仅在科学研究的实践中,而且还在科学结论中,发现了男性至上主义、种族主义、军国主义和资本主义。索卡尔并没有嘲笑那些遍及世界各地的创世论者和宗教狂热分子,他们构成了对科学事业的最大的威胁。① 但他涉及的对象非常广泛,因此,他受到了来自各方面的批评和赞扬。

从新闻报道来看这段有趣的插曲,我并不能够直接判断它证

---

① 在索卡尔为其诈文所写的一篇后记中,索卡尔解释到他的目的与其说保卫科学,不如说是防止学术上的左派免受后现代主义、社会建构主义和其他时髦思潮的影响。

明了什么。如果一位为一个工会工作的经济学家，也恶作剧式地给《国民评论》（the National Review）杂志递交了一篇诈文，作者在其中随意捏造出某些违反法定的最低工资增长的错误的经济数据。如果这篇文章被发表了，这能证明什么呢？即使作者不相信这些证据，但它们还是具有说服力的。

我最初的反应是索卡尔在《社会文本》上的文章是对学术泡沫的一种有意识的模仿，任何编辑都应该能够识别这种泡沫。但在仔细阅读这篇文章后，我发现情况并非如此。文章表达了几乎都是我认为是离奇的观点，当然至少有几个观点，索卡尔完全清楚它们指的是什么。文章的标题是《超越界限：走向量子引力的超形式的解释学》，比其文章中的任何内容都令人费解（我的一位物理学的朋友曾经告诉我，面临死亡时，他会更加坚定决不再在字典中查"解释"一词的含义的做法）。我的印象是，索卡尔发现很难得能够把这篇文章写清楚。

文章在这里变成了泡沫，这并不是索卡尔自己写的，而是索卡尔所引用的真正的后现代文化批评家的著作。如以下是索卡尔所引用的解构主义的大师德里达的一段话："爱因斯坦常量不是一个常量，不是一个中心。它只是一个真正的变量——最终，它是游戏的概念。换言之，它不代表对某一事物（一个观察者能把握这一研究领域的中心）的认识，它只是一个游戏的概念。"

我可以假定人们可能争辩说，物理学杂志上的文章对外行来说，是难以理解的。但物理学家被迫发明了自己的语言，数学的语言。在数学语言的范围内，我们试图把物理学表达清楚，当我们不能把它表达清楚时，我们并不希望我们的读者把含糊性与深奥性联系在一起。说只有一打人能够理解爱因斯坦的相对论，这绝不是事实。如果事实如此，这绝不是爱因斯坦的才华，而是他的过失。爱德华·威滕的论文，如今在弦理论这一学术前沿领域内被一致公认为是最杰出的，原因在于对物理学家来说，比起几乎所有其他的弦理论著作来说，他们更容易读懂它。相比较而言，德里达和其他的后现代主义者看来并不需要一种特殊的技术语言，也不试图努力地去把它们弄清楚。但在那些欣赏这些作品的人看来，并没有被索卡尔文中来源于这些作品的引语弄糊涂。

　　在诈文中描述物理学发展的那一部分，大部分是相当精确的，当然其中也掺杂着不少的错误，任何物理系的大学生都能够发现这些错误中的绝大部分。索卡尔所开的一个玩笑是论述"线性"一词。这一词有着精确的数学含义，是从某些在几

把文章写得让人读得懂，不管对科学工作者还是对人文工作者来说，都是很起码的要求，但有时变成了一种很高的要求。温伯格本人在这方面也是身体力行，他是托马斯·刘易斯奖的获得者，该奖授予最具有"科学家兼诗人"气质的研究人员。

何上用直线表示的数学关系中产生的。① 但对某些后现代主义者来说,"线性"就意味着乏味的和过时的,而"非线性"就意味着极其敏锐和具有开拓的独创性。在讨论后量子引力理论在文化上的重要意义时,索卡尔把这一理论中的引力场看作是"非对易的(因而是非线性的)算子"。这里"因而"是荒谬的;"非对易"② 并不意味着"非线性",事实上量子力学处理的既是非对易的,也是线性的对象。

索卡尔同样写道,"爱因斯坦的方程(在广义相对论中)是高度非线性的,这就是为什么靠传统训练出来的数学家发现它们是很难解答的",笑话在于"传统训练出来的";爱因斯坦方程是非线性的,这使得它们是难解答的。但它们对任何人来说,特别是对那些没有经过传统训练的人来说,才是真正地难以解答的。索卡尔继续讨论广义相对论,正确地评论弯曲时空,在那些我们用来描述自然的坐标系中,允许出现任意的变换后,索卡尔严肃地声称"欧几里得的 π 和牛顿的 G,以前被认为是常数和普遍的,现在却在其不可避免的历史性中被认识"。这是荒谬的,数学上定义的

---

① 如一个蛋糕的热量(卡路里)和它的每一种成分的数量之间存在着一种线性关系:在保证所有其他成分的数目固定的情况下,热量对应于某一种成分的数量的曲线图,恰恰是一条直线。与此对照,一个蛋糕的直径(高度固定)和它的各种成分数量之间并不存在线性关系。

② 如果你演算的结果依赖于这些演算的次序,则这样的演算被称为是非对易的。例如,你可以试试看,你先绕着垂直轴转 30°,然后又绕着南北方向转 30° 后的位置,和你先绕南北方向转 30°,再绕垂直轴转 30° 后的位置是不一样的。

量，如 π，是不会受物理学中的发现影响的，不管怎样，在广义相对论的方程中，π 和 G 都显示出普遍的不变性。

在另一种不同的幽默中，索卡尔对所谓的"形态发生场"和想入非非的幻想进行了严肃的思考。他把复数理论称为一种"新的并且具有相当反思性的数学物理学分支"，但事实上，它是19世纪的数学，并且像其他成熟的数学分支，是早已被公认的数学分支。索卡尔甚至埋怨（附和社会学家斯坦利·阿诺罗维兹）固体物理学专业的所有的研究生都能够在这一领域中获得工作，然而，这对这些学生中的大多数来说，只能是新闻。

索卡尔对其有意识的恶作剧的披露，招致了愤怒的反应，社会学家斯蒂文·富勒和英语教授斯坦利·费什[①]（费什是杜克大学出版社的执行主任）认为他打着一个物理学家的招牌，滥用了《社会文本》编辑们对他的信任。《社会文本》的编辑也提出了一个辩解，说他们的杂志并不是一种权威（refereed）的杂志，而是一种自由表达见解的杂志。[②] 如果情况果真如此，索卡尔也许不恰当地骗取了这些编辑们的信任。然而，如果索卡尔对数学与物理学的解释一直是完全准确的话，情况也许就是完全不同了。更真实显示出来的是，索卡尔机智地模仿某些人在其数学与物

[①] Fuller, Steve, "letter to The New York Times," May 23, 1996, page 28, and Fish, Stanley, "Professor Sokal's Bad Joke," Op-Ed article in The New York Times, May 21, 1996, P23.

[②] Robbins, Bruce and Ross, Andrew, "Mystery Science Theater," *Lingua Franca*（July/August 1996）.

理学评论中所表现的各种各样的洋相。如哲学家布鲁诺·拉脱尔在评论狭义相对论时说："人们怎样能够确定在一列火车上观察到一块石头下落的过程，与在河堤上观察这同一下落过程是同时发生的呢？如果只有一个，或甚至两个参考系，就无法获得答案……爱因斯坦的解决方案是考虑三个观察者……"这是错误的，相对论中，在比较两个、三个或任意数目的观察者的结果时，并没有什么困难。在其他引语中，列举了费什对术语"统一场论"的误用；女性主义的理论家鲁丝·伊里伽莱为数学忽视对带有边界的空间的研究而感到的悲哀，尽管在数学中存在着研究这一主题的大量文献；虽然量子力学是以线性的理论而著称，但英语教授罗伯特·马克莱称量子力学是非线性的。哲学家米歇尔·塞里斯和主要的后现代主义哲学家让·弗朗索瓦·利奥塔完全错误地表述了近代物理学中的时间观念。这类错误暗示着一个不仅是在《社会文本》的编辑实践中，而且还是一个较广泛知识分子圈子内的通病。

在我看来，索卡尔的恶作剧正是防止从物理学与数学的发展中随意推测出文化、哲学或政治的结论的最有效的方式。索卡尔一次又一次地不借助于任何中介的推理，从正确的科学一下就跳入荒谬的结论。索卡尔严肃地从玻尔观察到在量子力学中，对同一对象的一个完备的描述可能需要的多种不同观点来描述，而不服从单一的描述时，就一下子得出"后现代科学"拒绝"根植于传统科学中的权威主义和精英主义"的结论。他轻率地指出作为数学分支的突变理论的混沌理论能够导致社会与经济的解放。索卡尔通过引用某些他人的同样风格的著作，包括拉康把数学拓扑学应用到心理学中，雅克·阿莱·米勒（Jacques-Alain Miller）把拓扑学应用到电影批评理论中，表明这些人也是以同样的方式来谈论数学与其应用的关系。

《社会文本》的编辑们认为一个健全的物理学家就应该站在索卡尔所讥笑的那种立场上，我认为这种想法特别令人反感。在他们为发表索卡尔的文章的辩护中，编辑们解释道，他们已经判断出这是"一位职业物理学家为寻求某种后现代哲学对其研究领域的支持的最真诚的尝试"。[1] 在发表索卡尔的文章的这期《社会文本》导言中，一位编辑说道："许多著名的科学家，特别是物理学家，一直是神秘主义者。"[2] 也许存在着许多作为神秘主义者的物理学，虽然我从来没有碰到过，但我不能想象会有索卡尔所讥笑的那类持稀奇古怪观点的物理学家。科学家与其他知识分子之间的误解的鸿沟看来至少还像三十多年前 C.P. 斯诺所担忧的那样宽。

索卡尔暴露他的恶作剧后，一位《社会文本》的编辑甚至推测"索卡尔的诈文没有任何意义，他的供认代表着他后来改变了看法，或对他那丰富思想的判断打了折扣"。[3] 这使我想起了美国的巫

---

[1] Robbins, Bruce and Ross, Andrew, "Mystery Science Theater."

[2] Ross, Andrew, "Introduction," *Social Text* 46/47, PP1—13（1996）.

[3] Quoted by Bruce Robbins and Andrew Ross in "Mystery Science Theater."

师玛格莉特·富克斯（Margaret Fox），当她在1888年承认她的降神职业和在精神上对人的迷惑一直都是一种恶作剧时，其他巫师就一致声称她的供认表明她是不诚实的。

那些寻求在他们所理解的近代物理科学范围中的超科学启示的人是徒劳无益的。除两个被夸大的例外，我认为对文化、政治或哲学来说，物理学的研究结果（与心理学相反）没有合理的意义（我在这里并不是说物理学的技术应用，它当然对我们的文化有着巨大的作用，或作为一种比喻用法的科学，而是指纯粹科学发现自身的直接的逻辑意义）。当我们讨论的是宇宙的起源或自然的终极规律时，物理学的结论可能会与哲学和文化有关。

第一个被夸大的例外是概念的归属问题：科学发现常常揭示某些课题（如物质、时间和空间），一直被认为是哲学讨论所特有的主题，实际上属于普通科学的领域。另一个更为重要的被夸大的例外是文化对客观的数学规律严格控制着自然规律的这一发现，有着深刻影响，这可以追溯到牛顿。当然，对我们来说，为了获得正确的自然规律，为了理解自然规律的有效性范围，这一发现仍然有效。但就文化或哲学而言，牛顿引力理论和爱因斯坦引力理论之间或古典力学或量子力学之间的差异并非是本质性的。

有关这一课题，有着大量的混乱，因为量子力学如果用普通的语言来描述，将会显得十分奇异。原子中的电子没有固定速度或位置，除非这些性质被测量出来。对一个电子速度的测量就要排除掉所有有关对其位置的认识。这种奇异性导致安德鲁·罗斯，一位《社会文本》的编辑在别的文章中评论道："数量理性（Quantitative Rationality）——科学唯物主义的标准描述，不能再在量子层次上来解释物质的行为了。"[①]这完全是错误的。通过理性的过程，根据我们称之为原子的波函数，今天我们获得了对原子的一个完备的数量描述。[②]一旦人们计算出波函数，它就能够回答任何有关原子的能量或原子与光的相互作用的问题。我们已经采用波函数的精确的量子语言，替代了粒子轨道的精确的牛顿语言，就数量理性而言，在量子力学中与牛顿力学中并不存在差异。

在这一点上，我不得不承认某些物理学家对这种广泛流传的混乱负有责任。索卡尔引用了在哲学上陷入迷途的维勒·海森堡的几段极具危害性的话，如"科学不再是作为一个客观的观察者来面对自然，而是把自己视为一个在人与自然的相互作用中的演员"（海森堡是一位20世纪伟大的物理学家，但他不能被看作是

---

① Andrew Ross, *Strange Weather*(Verso, London, 1991), P42.

② 一般来说，一个系统的波函数是一个数值表。每一个数就代表着这一系统的一个可能的形状。对一个原子中的每一电子，这一数值表对这个电子的每一可能的位置来说，都包含着一个不同的数值。这些数给出了对这一系统状态的一个完整的描述。一种复杂的情况是任何系统的可能状态可以用不同的方式来描述：如，一个电子可以根据其可能的速度，而不是其位置来描述（不能同时被两者描述）。在一种描述中，如果我们知道了任何其他描述中数值，我们可以根据事先的规则计算出在这种描述中的构成这些波函数的数值。另一种复杂的情况是这些数是复数的情形，复数通常不仅包括普通的实数，还包括诸如等于 -1 的平方根的量 i。

一位谨慎的思想家，如人们已经披露出他在德国核武器计划中所犯的一些技术性错误[①]）。目前，像普里高津之类的科学家就声称[②]非线性的动力学[③]具有深刻的哲学意义，在他们看来，这是一个没有任何夸张的十分有趣的课题。

讨论了如此多的科学发现的文化意义，但科学的文化与社会语境的意义是什么？在这里我们发现了像索卡尔这样的科学家，发现他们与许多社会学家、历史学家、哲学家，还有后现代文学家所持的观点相反。在这场论战中，双方都在谈论对方的过去。如社会学家与历史学家常常描述科学家自弗朗西斯·培根以来，就一直没有把握科学方法。然而，我们当然完全了解理论和实验之间的关系是如何复杂，科学事业如何依赖于一种合适的社会与经济

---

① Bernstein, Jeremy, *Hitler's Uranium Club* (American Institute of Physics, Woodbury, NY, 1995).

② 对此的引言和评论，见 Bricmont "Science of Chaos or Chaos in Science?" *Physicalia Magazine* 17, PP159—208 (1995)，重印在 *The Flight from Science and Reason* (New York Academy of Sciences, New York, 1996)。Prigogine and Antoniou 的反驳和回答见 "Science of Chaos or Chaos in Science: A Rearguard Battle," *Physicalia Magazine* 17, PP213—218 (1995)；Bricmont 的回答见 "The Last Word from the Rearguard," *Physicalia Magazine* 17, PP219—221。

③ 非线性动力学处理的现象是各种量的变化率是非线性地依赖于这些量。如压力、温度和速度，在一个像大气之类的流动中的各种关键点的变化率，是非线性地依赖于这些压力、温度和速度的。人们近一个世纪前就知道这样的系统的长期行为常常表现出混沌，一种对其初始条件的异常敏感性反应（经典的例子是蝴蝶翅膀的拍打可能会影响整个世界后几周的气候）。对物理学家来说，当前在非线性动力系统的兴趣是来自于那些能够被精确预言混沌行为的一般性质的发现。

基础。另一方面,科学家常常谴责那些持一种彻头彻尾的相对主义立场的人,他们不相信存在着客观实在。索卡尔的恶作剧相当严肃地列举出那些"科学的历史与哲学的改革家"怀疑那种"存在着一个外部的世界,其特性是独立于任何个人的存在,甚至是独立于作为一个整体的人类存在"的后文艺复兴式的教条。这种讽刺的困难在于,几乎所有索卡尔批评的对象,都否认他们对一个外部世界的存在会持任何怀疑态度。他们对客观实在的信念可以从《社会文本》编辑们[①]发表在《纽约时报》上的,对索卡尔恶作剧的反应的一封信中,以及斯坦利·费什的一篇说服《纽约时报》的编辑们的文章中得到证实。

我并没有说索卡尔诈文中的这一部分是站不住脚的。索卡尔的对手经常采用的立场,在我看来是他们并不理解什么是"存在一种客观实在"的含义。简单地说,如果科学家谈论某些事物是真实的,那么在他们看来是既不真也不假。因为,如果是真的,那么它会怎样依赖于科学家的社会语境呢?如果它是假的,那么它又是如何帮助解放我们的呢?科学问题和方法的选择可能会受所有科学外部因素的影响,但我们发现,问题的正确答案是因为世界本身就是如此。然而,讽刺你的对手本身就否认的观点是徒劳的。

我曾经陷入了同样的困境。在我的著作《终极理论之梦》的一

---

① Robbins, Bruce and Ross, Andrew, letter to The New York Times, May 23, 1996, P28.

个初稿中,[①] 我批评了女性主义的科学哲学家桑德拉·哈丁(《社会文本》的一位撰稿人),因为她采用一种否认物理学定律的客观特征的相对主义立场。我引用她的话来表明,她称近代科学"不仅是男性至上者,而且还是种族主义者、阶级主义者,一种文化上的强权",认为"物理学和化学、数学与逻辑带有其不同文化创造者的烙印,正如人类学与历史学一样"。[②] 在我看来,这一段话只有对相对主义来说才有意义。如果科学的结论是对客观实在的一种精确解释,那么它们是否也能够友好地对待多元文化或女性主义所关注的东西?我把初稿的这一部分寄给了哈丁,她向我指出了她的著作中各处明确地否认相对主义的地方,我轻易地得到了答案,于是在本书中,我放弃了对相对主义的谴责,把它留给读者自己判断。

但是,如果我们要继续讨论的话,我们应该澄清问题的关键并不是有关自然是否是真实的,而是更能引起争议的问题,一般意义上的自然科学知识,特殊意义上的物理学的定律是否是真实的?

当我还是康奈尔大学的一位大学生时,我就听过一位哲学教授(可能是马克思·布莱克)的讲座。他解释道:无论何时人们向他问起某些东西是否是真实的时候,他总是给出同一答案——"是的"。

漂亮的牙齿是真实的,物理学定律是真实的,足球规则是真

---

① Panthcon. 1993.
② Harding, Sandra, *The Science Question in Feminism* (Cornell University Press, Ithaca, 1986), PP 9, 250.

实的，球场上的石头也是真实的。但它们是不同意义上的真实。当我说物理学定律是真实时，我是说它们与球场上的石头是同样意义上的真实，不是像球场上的规则那样的真实（正如费什所暗示的那样①）。我们并没有创造物理学定律或球场上的石头，我们常常会不幸地发现它们会给我们带来某些麻烦。如：当我们不注意在一块石头上绊了一跤，或我们发现犯了一个物理学的错误（几乎所有的物理学家都碰到过）。但我们描述石头或叙述物理学定律的语言无疑是社会构造的。因此，我毫无疑问地假定我们有关物理学定律的表述与客观实在是一一对应的。换言之，如果我们曾经发现某一遥远的星球上存在有智慧的生命，并翻译他们的科学著作，我们将会发现我们与他们得出了相同的规律。

还存在另一种复杂情况，今天已知的物理学定律（量子力学一般原理可能是一个例外）没有一个具有精确的和普遍的

> 温伯格在这段文字中很清楚地说明了在什么意义上理解科学的客观性。

---

① Fish, Stanley "Professor Sokal's Bad Joke."

合理性。不过其中许多定律已经具有某种最终的形式，在某种已知的范围内是合理的。今天众所周知的电磁力学方程并不是麦克斯韦尔原来所写的方程，而是随后数十年中，其他物理学家后继工作的结果，如著名的英国物理学家奥利弗·海维赛德（Oliver Heaviside）。今天人们已经认识到它们在某种有限范围内（在弱变化和慢的电磁场中）是近似合理的。但在这种形式中，在这种有限的范围内，这些方程已经经受了一个世纪检验，并且可以预言将能够永远地经受下去。这就是那种我认为是对应着某种真实的东西的物理学定律。在这一问题上，清楚地表明像我和索卡尔这类的物理学家是完全不同意索卡尔所讥笑的对象的观点。科学知识的客观性一直是安德鲁·罗斯[1]、布鲁诺·拉脱尔[2]、影响很大的哲学家理查德·罗蒂与后期的库恩[3]所否认的东西，但几乎所有的自然科学家都承认这种客观性。

我得出了物理学定律是真实的结论，是因为我在物理学定律方面的经验告诉我，在任何最基本的方面，这种经验与我对石头的经

---

[1]《纽约时报》（1996年5月8日）引用了安德鲁·罗斯一段给人留下这种印象的话："科学知识受社会和文化条件的影响，并不代表某种在所有的时间和地点条件下都是永恒的普遍真理。"

[2] Bruno Latour, *Science in Action* (Harvard Press, Cambridge, 1987).

[3] Thomas Kuhn, "The Road Since Structure," in *PSA* 1990 (Philosophy of Science Association, 1991), and "The Trouble with the Historical Philosophy of Science" (1991 lecture published by the Department of the History of Science, Harvard University, 1992).

验没有什么深刻的差异。对那些没有物理学定律经验的人来说，我能够提供明确的证据表明物理学定律正是以我们所了解的那种方式发挥着效用的，不存在其他的已知的考察自然的方式得出类似的结论。莎拉·弗兰克林（Sarah Franklin）（在一篇与索卡尔诈文出现在同一期的《社会文本》的文章中）对理查德·道金斯（Richard Dawkins）的一个论点提出了挑战，道金斯认为如果我们相信飞机的安全性，那么就表明我们接受了自然定律的有效性，弗兰克林反驳道：某些航空公司在飞机起飞时，要放祈祷的影片，是为了祈祷真主能保佑飞机的飞行。[1] 然而，弗兰克林是否认为道金斯的结论并不适用于她？她是否在设计飞机时，宁愿放弃物理学定律，而采用祈祷？

还有一个相关的争论，虽然我们还没有机会比较一个遥远星球上有智慧的生物的笔记，但我们能够知道在地球上，每一个国家，每一个民族，当然还有每一种性别的科学家，都以同样的方式来把握物理学定律。索卡尔引用的某些评论家希望女性的参与者或帝国主义的牺牲品能够改变科学的特征。但就我看来，女性与第三世界的物理学家的工作方式与西方白人男性科学家的工作方式没有区别。人们也许会争辩说，这正是牢固的科学权威或西方社会广泛的影响的一个权力象征。然而，我认为这些解释是不合理的。虽然自然科学是一种理智上的权威，但我们必须清楚地认识到，这意味着一个理论的真与假是

---

[1] Sarah Franklin, "Making Transparencies — Seeing Through the Science Wars," *Social Text* 46/47, PP141—155（1996）.

在什么意义上来说的,科学的作用并不是社会霸权,因为权威什么都不能解释。

某些已经过了其辉煌时期的杰出物理学家,如50年代德国的海森堡,或法国的德布罗意(De Broglie)一直试图让物理学朝着他们的思想方向发展,这种官僚知识是成功了,但只是在一个国家内,在一段有限的时间内。今天的物理学方向不可抗拒地由年轻的物理学家主导,他们还没有赢得其荣誉和权威,他们的影响——他们引起的反应,是来自于他们研究的客观过程。如果说我们的物理学定律是一种社会的构造,那么这种构造只能在一个科学家的社会中进行,这个社会主要是通过把握自然规律而发展的。

某些历史学家并不否认自然规律的实在性,但否认能够用现有的科学知识去解释过去的科学工作。[①] 这在某种程度上避免了时代错误,如假设过去的科学家应该以我们现在的方式来考察对象。这种做法的部分原因是来自于维持历史学家研究工作的独立性的这样一种偏见。[②] 当然,在判断过去的科学家的工作时,假设他们应该以和我们一样的方式来考察事物的做法是愚蠢的。但问题是,如果我们通过忽视当前科学理论来避免这种时代错误,那就等于放弃

---

① 历史学家亨利·柯林斯给我表述了这种观点,随后,我在贝斯(Bath)大学的科学元勘中心再次听到这种说法。

② 在 "Independence, Not Transcendence, for the Historian of Science," *ISIS* 82, 71 (1991)中,保罗·福曼(Paul Forman)要求历史学家不仅要对科学是怎样进步的,甚至还要对那些构成进步的内容作出一种独立的判断。

了不能以任何其他方式把握过去的线索。19世纪80年代后半期，J.J.汤姆逊对电子的质量和电荷进行了一系列著名的测量，虽然他发现测量值分布在一个很大的范围内，但他坚持认为能够表示正确结果的测量值是在这一范围内的高的一端。单一的历史的记录并不能使我们确定是否是因为这些结果更易于确证他的第一次测量，或者说，因为它们实际上是更为仔细的测量结果？为什么我们不采用今天的结果来表明第二种选择是不可能的？因为汤姆逊所偏爱的较大的测量值几乎是今天所知道的正确值的两倍。

忽视今天科学成果的历史学家对我来说，仿佛就像一位研究美国南北战争的军事史的历史学家，只告诉我们麦克莱伦在面临着他认为不可抗拒的南部联邦军队的力量时，从维吉利亚半岛撤军的这一故事。今天人们知道了麦克莱伦当时的判断是错误的，但这位历史学家认为这是不需要考虑的事实。就是那些吸引历史学家注意并选择的课题也受到我们今天成功途径的影响。那种赫伯特·巴特菲尔德所描述历史的辉格式的解释，某种程度上在科学史中是合理的，只要这种历史不是处在政治和文化史之中，因为科学是积累性的，允许对成功与失败作出明确的判断。

索卡尔并不是第一位考察这些问题的人，[1]但他如此戏剧性地

---

[1] 特别要参见 Gerald Holton, *Science and Anti-Science*（Harvard University Press, Cambridge, 1993），和 Paul R. Gross and Norman Levitt, *Higher Superstition*（Johns Hopkins Press, Baltimore, 1994）。刊载 Sokal 诈文的《社会文本》的专刊的主要目的是反击 Gross and Levitt 的《高级迷信》一书。按 Sokal 的说法，这本书也是鼓励他写诈文的主要原因。

引起人们注意到这些问题。就"学术"一词的含义来说,这些还不完全是学术界的问题。如果我们认为科学的发现灵活到足以应付这种发现所处的社会环境的话,那么这就可能引诱我们强迫科学家以那种更为无产阶级的、女性主义的、美国化的、宗教的、雅利安的或我们能够想象出来的任何其他方式去考察自然,这是一条危险的道路,在论战中,受到危害的事情远不仅是科学的健康发展。正如我在上面所指出的那样,自然是由客观规律所支配的这一发现,强烈地影响着我们的文明,我喜欢引用体·特伦沃·鲁珀(Hugh Trevor-Roper)的评论:这一发现使人们减少了崇拜女巫的热情。我们将需要坚定和加强理性理解世界的看法,以防止我们受那些仍然还在困扰着人类的非理性的侵害。

选自《"索卡尔事件"与科学大战——后现代视野中的科学与人文的冲突》,(美)索卡尔等著,蔡仲等译,南京大学出版社,2002年。

《科学大战》引论

安德鲁·罗斯

1995年7月底,美国国会中的共和党温和派冲破党派界限,帮助民主党否决了一揽子蛮横的反环境立法。经过差不多七个月的各种横冲直撞之后,"与美国政府的契约"(the Contract with America)①这辆重型货车第一次发生了机械故障。两党联合的专家意见宣称,选民已经使其明白,人类健康和环境安全是唯一需要用法规来进行严格管理的问题,而在这一点上反联邦狂热分子已经"走得太远了"。政治压力很快彻底改变了投票结果,但损害已经造成:反环境立法行动在参议院受阻,而且许多其他的法案开始遇上障碍。这一转折点的重要意义是值得大书特书的。金

---

① the Contract with America 等于 the Contract forged with the state,实际上指美国科学界与美国政府于二战后达成的一种默契,即本文后面所说的"政府与科学家之间的冷战契约":在科技信息是公共资源、对科学有利的就对国家有利的共识前提下,国家无条件地从资金、政策等方面支持科研。——译者注

里奇派在国会宣告，这个事件通过复活意识形态而把差不多六十年的后新政意识政治放在了刀口上。如果这话指国会前6个月的立法活动，倒是没有理由怀疑的。可是现在，当民主党在新的共和党国会中赢得第一个临时联盟投票多数的时候，看起来似乎意识形态正在让位于假定的选民一致倾向。现在，沿着沼泽的边缘画出了一条线。这项立法本身就不是什么小事，它势必挫伤环境保护署针对由工业家们所造成的土壤、水体和空气污染而实施控制的元气，取消对其商业行为的"过分限制"，并传递谁污染谁治理的原则实际上不再适用的醒目信号。不过，为什么一方面其他旨在解除控制的激进议案在保守的民主党人支持下通行无阻于国会，而另一方面环境立法却没有让共和党人的凶猛攻击得手呢？

让我们假设确实存在着一种关注人类健康和环境安全的选民意向，而且它为最近在国会展开的公众利益之战标出了一条有意义的界线。这种民意的增强，肯定在很大程度上归功于普遍的技术怀疑论的出现。尤其是，中产阶级借助于科学普及对先进工业生活的危险知道得越来越多，他们还居心不良地乐意看到风险成倍增长。污染不同于贫穷和饥饿，它（最终）不会放过任何人，所以它所产生的政治主张具有高度的合法性。不过中产阶级的愤怒也就到此为止了。只有当工业化的经济后果不再能在经济上被归于外因的时候，环境政治的真正决定性时刻才会到来。这一时刻现在还没有降临到我们头上（它被全球自由贸易协定进一步地推迟了），不过其社会征兆和文化征兆却遥遥领先地扑面而来，并酿成了一种运用科学反对由科学产生出来的工业威胁的社会运动。

这种利用科学反对科学的矛盾现象,足够真实地说出了现代技术科学发展所具有的双刃剑性质:发展与毁灭性力量之间的联系,同它与创造性力量之间的联系一样多。在公众心目中,许多科学对军队、公司和国家等精英利益集团以及对超级工业主义事业的忠诚加强了下述看法:科学实际上远不是民主的。对于那些享有既得利益或者负有管理责任的人来说,越来越清楚的是,工业生活所产生的危险可能会威胁到科学的生产过程本身。这个现象最初是由工业精英们在其1974年罗马俱乐部报告中指出来的。有毒物质对生命的威胁最终是对财富利益的威胁,是对工业界长期以来视为免费午餐的水、空气、矿产等自然资源的威胁。所以,技术怀疑论的兴起是与工业化进程中的危机并驾齐驱的,而后者往往被错误地认为是环境自身的重大危机。像乌尔里克·贝克(Ulrich Beck)这样的评论家,通过对现代化的一个新阶段即反思性的现代化从理论层次进行概括来解释这一复杂难题。在这个新阶段,今天的现代化在所有的地方都受到较早的、原始的现代化进程(我们称为工业主义)的影响。那种自我分析包含着对发挥工业社会工具作用的科学理性的彻底批判。于是,对于贝克来说,这种自我批判情绪的增长并不是反启蒙的,而恰恰是怀疑论的胜利;正是借助于这种怀疑精神,理性的科学探索正式地打开其基本原理和方法之门。这一反思性的转变是现代性在风险政治的庇护下继续发展的基础。在这种政治活动中,对技术科学所具有的风险实施有效管理，不仅是科学发展的一种新机会，也是国家权力的主要内容。

按照贝克的范式，读者也许会对用风险（和／或对安全的生产）的过度生产原则替换积累（和／或短缺的生产）的轴心定律这一显然很简单的做法挑刺儿。它们不能互相确认吗？像风险这样一种难以驾驭、半概念性的性质怎能成为定义社会结构的主要标准呢？通过把技术批判定位在主流现代化之内，最起码贝克把它从通常由勒德主义者陈词滥调的反文化边缘的位置上移开了。向来被刻画为膝反射的技术恐惧症的东西，现在成了对先进的工业化过程所造成的风险和威胁的一种日常反应。对科学的批判实现了规范化和本地化，以各式各样的方法进行着。从我们消费的加工食品，到我们正迈向一个生物工程化的未来的步骤，它构成了大众对上述一切事物的安全性产生焦虑的基础。用简短流行的说法，生物工程化的未来经常被描述为"对未来瞎摆弄"。尽管并不是每个人都对我们周围的风险有同样多的知识，但是危害性事物确实是现代社会每个人日常经验的一部分。

深嵌在这种规范化的技术恐惧中的，是一条不再是新闻的极有价值的信息：科学在理性上没有垄断权！绝大多数对这一问题作出贡献的人可能都会承认这一点，尽管很可能其表述方式因人而异。而且，说这句话时仍然会有一点儿羞怯，有一种亵渎神灵般的感觉。这种被我们的超我唤起的内疚感，暴露出我们自己对大写的科学的权威性及其通过未经认可的实验而取得的进展教义的集体承认有那么雄厚的基础。但是，为什么证明的责任要落在指定的怀疑论者身上呢？在这样一个人们由于核能、生物基因和化学过度发展而备受折磨的世界上，在这样一个不能抵御其自身毁灭、更遑论保证其自身可持续发展的世界上，技术伦理学不仅仅给予怀疑论者以寻求理性存在的证据的权利。谁能否认我们生活在一个开放的环境中，这个环境已经在微观和宏观两种尺度上被用作一个为否认生命的物质和过程而建立的试验性的实验室？然而我们仍然为自己被错误地判为口沫横飞的大灾难预言者而感到忧虑，因为我们受到的当众羞辱是理性与真理的狂轰滥炸（这是世界末日的镜中影像），而科学推进者带头欢呼。

有些人也许能从理性存在着相互竞争的主张这一想法中获得安慰。严肃的相对主义者向我们保证说，实际上，没有人精神错乱，我们大家都是在我们自己拼凑起来的理性框架内活动。西方的实验科学家奉行正统的规则，遵循本地的程序，并且赞同一般的"纯客观的"信仰体系，认为其合理性就像中国的赤脚医生或热带雨林中的萨满巫医在他们自己的文化环境中发挥作用那样。而且我们注意到，这些实验科学家也不是属于单一的文化类型。每一门稳定的科学以及它们的每一个具体的子学科，都有自己的技术共识领域，即一个封闭的观念小圈子，这些观念只有与该领域发展起来的特定工具和数据分析类型结合在一起才有意义。

但是，我们不要把后者误认为是对多样性的描述。如果它真有什么东西的话，那也只是为技术专家治国论专门知识开出的一个药方：无论是在科学中还是在政府里，当得到一个可以信任的派别机构支持时，这种药方就会变得更加可信。但是科学认识与社会环境和物理环境之间的疏远状态（科学认识正是在这种环境中得到评价和利用的）和我们所能想象的任何东西一样是非理性的，而当科学认识涉及那些只有在开放的环境里才能得到恰当测试的物质的时候，这种疏远状态是非常危险的。比如说对科学家有关化学物质的知识而不是工人或农民有关这种物质的经验未经论证便授予专家地位，这就是一种权力的滥用，这种权力的滥用不可能简单地通过说明科学家认知的社会建构本性而加以反对或更改。虽然那可能有助于科学非神秘化，但它必须与改革方法论一并进行：从一开始就把使用者的当地经验包含在研究进程之内，并且保证在该进程的形成中制造商利益的影响力小于这种产品所涉及的社群的需要的影响力。这种方法论改革将把文化相对主义引向社会理性。

我们也不能满足于这种说法：实验科学家与中国赤脚医生和热带雨林萨满巫医的"成功"对于他们各自为之服务的文明是同等重要和同样胜任的。西方科学方法的权力和权威遍及全球。在西方以外，应用科学方法而发生的重要影响往往与当地的文化和环境相抵触，而这种应用对广泛的技术支持系统（备用零配件、杀虫剂、接口技术、职业培训等）的需求，在提供者和接受者之间创造出相互依赖的关系。同样重要的是技术科学的政治冲击力，表现在接受西方道路的压力中。所以，尽管技术转移非建设性的历史（在绿色革命中）早就被正式地认识到了，但是，在像印度这样的第三世界国家里，对和生计有关的科学的资助与对军队、核武器和空间科学的投资相比仍然相形见绌。后者被认为是在关乎国家声望的全球竞争游戏中有用的"大科学"项目。相对主义者可以又一次向我们展示西方的技术科学怎样适应和融合到世界的其他地方，却没有能力坚持认为这种单向过程的替代办法应该受到鼓励。一旦认识到西方并未垄断世界上所有的优秀科学成果，或者认识到从价值中分离的理性并不是一种在任何地方和任何时间都有利于创造的人类原则，那么我们就应该指望看见在先验理性的名义下受到维护的普适性假说的自我修正。只有到那时，我们才能开始谈论科学活动的不同方法：赞同当地环境、文化价值和社会正义原则而贬低方法论、试验以及经营上的需要的方法。这就是把相对主义引向多样化的光明大道。

至于民主理性，我们很难看到它是在何处进入当前被看作是在我们的商业文明中起到衡量成功和进步的基准性标准（一方面是资本增长，另一方面是技术创新）作用的部门的。民众对于这些部门所作出的精英决策发出的高度一致的抗议，只要求助于"国际竞争力"的原则或类似的假想威胁就能得到有效的平息。

批评资本主义的人们早就找出了其非理性的倾向（阶级对抗、周期性危机和效率低下），并对它为剥削剩余价值而创造剩余价值的道德性提出质疑。在对劳动价值理论的申辩中，市场辩护者们把商品的主观效用或边际效用强调为经济价值的即便不是最初的也是终极的来源。这种以科学的名义吹嘘其中立性的理论,求助于商品人为短缺的市价法则,与资源枯竭的物质世界中物质短缺的现实不相干——后者是货币量增长的常见结果。随着对终极短缺可能性的认识的加深,很多分析家已经开始看到在资本积累和作为增长唯一终极限制的资源减少之间那种因果关系的矛盾。

科学承认或尊崇这些涉及自然界和市场条件的经济理性中的任何一种吗?严格地说,它们当然不。而且,根据捍卫这种科学信念的守旧派的观点,他们不应该承认或尊崇它们。可现实却是

收藏有牛顿《自然哲学之数学原理》(第一版)的剑桥大学雷恩图书馆

另一回事。就方法而言，Wertfreiheit（价值中立）的纯客观意识形态最初很可能被看成是用来反抗权威独裁入侵的屏障：这种入侵既来自教会，也来自君主制的国家。因此在某些基本的方面，科学的客观性是与当时正在崛起的自由贸易经济力量的命运一致的。根据鲍里斯·黑森（Boris Hessen）1931年在伦敦开设的关于牛顿《原理》与当时出现的英国商业资产阶级的需要之间关系的划时代讲座，科学史家们已经在经验科学为市场利益施惠方面进行了开掘。女权主义批评家也描述了科学方法的男子中心理性不仅服务于把女性排挤出职业圈子，而且还服务于强化对女性的社会压制；其手段是把一些私人的、主观的经验领域降格为次等经验，而女性正是通过这些领域获得社会确认的。在20世纪初期，提出Wertfreiheit是为了逃避无所不在的政治侵扰，包括法西斯主义（雅利安科学）的科学和斯大林主义（李森科主义）的科学。但是随着时光流逝，它越来越频繁地被当作抵御社会批判的挡箭牌，还被用来保护科学界与公司—军队型国家达成的契约了。正如罗伯特·普罗克特（Robert Proctor）所论证的那样，在冷战的"意识形态终结"的时期，纯客观科学的原则具有特殊的号召力；而对于科学的批评者而言，在过去的20年里，这一原则在社会科学中便意味着政治上保持沉默，而在自然科学中则表示把自己的技能卖给出价最高的人。若说科学知识不依赖于市场力量，为什么地质学家对含油层比其他地层更熟悉呢？为什么病毒学家对攻击烟草的病毒比其他品系的病毒了解得更多呢？如果稳定科学真的是认识和探索的客观领域，为什么这么多科学（只提几个：地震学、海洋学和微电子学）直接从军事研究产生出来，并发展为通常被用来论证庞大的军事预算对社会有好处的分系统的组成部分呢？正如桑德拉·哈丁（Sandra Harding）在她发表于本书的文章中所指出的："假如您想从事现代大农场经营，现代技术科学群可以帮助您；假如您希望维护一种脆弱的生态环境和生物多样性，起码到现在为止，这些科学帮不上什么忙。"

另一方面，科学的重要部门正在越来越多地投身于对付由科学改造自然的工业化阶段所产生的风险和威胁。科学发展是环境难题的一个根源，而科学正在为这种难题提供新的市场化解决方案。废物处理和环境安全从性质上看是工业部门。生态运动的科学梯队现在已经充分地职业化和工业化了。甚至军队若干庞大的监测设施也被改造为生态报警系统。这些发展是科学为国家和商业实力集团服务的继续，还是它们代表了这种服务关系中的一种危机，而这种危机与工业化本身的危机相伴相随呢？由于存在这些处于科学的道德哲学（如果不是操作哲学的话）前沿的问题，我们就不该为客观性和真理的意识形态正处于进一步的精细考察之下或者这种意识形态的保卫者正在重整旗鼓而感到惊讶了。

最近发出的战斗号令采取了有些人称为"科学大战"的形式，由保守主义新兵开辟的第二战场受到其军团在文化大战中所获成功的诱惑。为了找到他们在公众眼中丧失地位以及从国库所获资助减少的原因，科学界反对进步的人加入了对包括左派分子、女权主义者和各种类型的多元论者在内的文化（新的）老套嫌疑犯的反击。1993年国会决定取消对超导超级对撞机计划的联邦资助是个划时代的事件，它用一种与瓦科（Waco）影响国民军运动极其相似的方式影响了这些科学家。这个决定被解释为科学家与政府之间达成的冷战契约不再被视作当然的信号。难道战后那种亲密无间的协议（根据它，科学家的政治中立换来了国防部的美金）从反对印度支那战争和星球大战的宣传风暴中幸存下来，只是为了陷入国会那种新的锱铢必较气氛的冲突之中吗？与其说联邦政府背信弃义，倒不如说有关超导超级对撞机的决定是符合工业管理技术的转变的。对于这种新的技术而言，高能物理实验室的复杂等级结构已经变成了一种过时的模式了。换言之，"大科学"遇到麻烦不是因为意识形态批评没完没了，而是因为"大科学"与企业组织那种小规模化和分散化的新发展趋势不同步了。

无论如何，受到超导超级对撞机决定伤害的科学支持者和爱国主义者都不用花什么气力就能找到替罪羊。在挖掘对国家搞破坏者的过程中，文化大战已经制造出一大堆坏蛋了。受到同一个右翼团体（全国学者联合会）和基金会（奥林基金会）的资助和协调的后继行动也许已经来到您眼前的专栏文章中，而且我们正受到另一轮有关女权主义代数学、奇怪的量子物理学以及黑人中心论分子生物学的愚蠢故事的损害。这种行动的后援是下述警告："这些人居然是攻城槌，藏在他们后面的野蛮人反启蒙非理性主义和伪科学的洪水正摩拳擦掌地要夺取我们的城堡。"

这种反击的狂呼乱叫是保罗·格罗斯（Paul Gross）和诺曼·莱维特（Norman Levitt）1994年春出版的题为《高级迷信：学术左派及其与科学的争论》（*Higher Superstition: The Academic Left and Its Quarrels with Science*）一书定下的基调。尽管作者宣称他们不是"社会保守主义者的掩护马"，把《高级迷信》归入艾伦·布卢姆（Alan Bloom）、威廉姆·贝内特（William Bennet）、罗杰·金博尔（Roger Kimball）、希尔顿·克雷默（Hilton Kramer）及丹尼斯·德苏扎（Daniesh D'Souza）那种容易上火的传统风格还是十分恰当和公平的。扮演成针对睡梦尚酣的科学家的一次唤醒电话的模样，这本书用与刚说到的亵渎传统的人同样随意的风格确认和刻画"殴打科学的人"："社会建构论者的相对主义，后现代主义者的幼稚的怀疑论，女权主义批评家的初级阶段李森科主义，激进环保主义者的千禧年主义"（252页）。格罗斯和莱维特的不懈炒作增加了这本书在学术媒体中的覆盖面，同时还引起破坏《钟形曲线》声誉的团体作出激烈的反应。紧跟在这一唤醒电话之后的，是一系列得到慷慨资助的、被广泛宣传的会议，其意图在于把自然科学、社会科学和人文学科组织成一个广泛的联合阵线。其中最为著称的会议是"来自科学与理性的航班"[①]，于1995年6月由纽约科学院召开。这次会议精心安排的计划把一大批危险兆头联系在

---

① 这次会议，原文为"Flight from Science and Reason"。由于其中的关键词Flight同时有"航班"和"万炮齐轰"的意思，故站在不同的立场可以有不同的感受。——译者注

一起：科学特创论者，新时代替代思潮及其迷信，占星术，UFO主义，激进科学运动，后现代主义以及批判性的科学研究（science studies）[①]；与其为伍的还有现成的历史幽灵：雅利安－纳粹科学和苏联的李森科主义错误。会议组织者努力把温迪·卡米纳（Wendy Kaminer）、博格丹·德尼奇（Bogdan Denitch）以及其他的自由主义者和左派包括进来，放在反理性主义的铁杆反对者中间。尽管后者的某些发言人认为右翼宗教团体的兴起对理性的探索造成的威胁可能要比左翼批评更大，普遍的论证却停留在对论敌的漫画化上。要么是毫无遮掩地对学术左派（在组织者的心目中，这些人几乎接管了人文学科和社会科学）的存在进行攻击，要么是能力不足地试图解释正统科学信条有无数替代方案这一事实，因此会议往往降格到用脏话骂人的地步。主要由职业科学家和科学记者组成的听众，本来很可能期待着听到一些合格的甚至是自我批评式的理性分析，以解释为什么新时代运动以及对确立科学展开民主批评的事业能蓬勃发展。但是恰恰相反，听众们所获得的全部东西就是一个不成熟的战斗号令，反对"文化精英"内部一介平民的恶魔。这种号召在风格上是因循守旧的，如果它没有受到现在的布坎南们（Buchanans）、多尔们（Doles）和格拉姆们（Gramms）那种空泛的道德化的影响的话。尽管尚未明确而公开地要求对这

[①] 在本译本中，"科学研究（science studies）"均指反科学一方对科学的研究，而将科学家开展的研究（scientific research）视情况译为"科研""科学探索"或者"科学的研究"。——译者注

种新阴谋家的"反科学运动"发动一次十字军东征,局部的意图还是很清楚的:要把那些并不因为课表上的埃利奥特(T·S·Eliot)被换成了托尼·莫里森(Toni Morrison)而大伤脑筋的科学家卷到这场学术论战中来。

当然,有人面对反理性主义势力导致科学权威地位下降或者科学陷入重重危机而高喊"捉拿坏蛋",这种情景并非第一次出现。这种抱怨是科学权势人物的官方话语的流行弊病。但是,不止一位评论家注意到,在科学与宗教的长期斗争中,一种权威取代了另一种权威,夺得了信条的名分。史蒂夫·富勒(Steve Fuller)确实论证说,作为国家资助不断减少的后果,科学的世俗化将会成为公众对科学信条持多大信任的一种严格检验。很多著名的现代科学家,特别是物理学家,都是公开皱起眉头表示怀疑的神秘主义者。很多北美洲人今天仍然信仰特创论,尽管他们生活在一个技术上先进的社会:在那儿,科学理性是公民应有的,而有实用价值的宗教则被认为是针对文明的一种清晰而现实的危险。对于哈佛大学物理学家杰拉尔德·霍尔顿(Gerald Holton)这位《科学与反科学》(*Science and Anti-Science*)一书的作者和"来自科学与理性的航班"大会的共同组织者来说,"反科学"的情绪是一盏不祥的并且"一直高挂在那儿的"红灯,它提醒我们"床下睡着一只猛虎"。

这种魔鬼研究无助于对人们呼唤理性的替代形式的实质和广泛性作出解释。问一问学院的、公司的和军队的科学为什么和怎么样只对实权派的需要和利益作出回应，这可能会为公众信赖权力外围领域的现象提供更具有说服力的答案。不过，关于欧洲中世纪早期又重新出现在未受多少教育的大众中的那种浸透阶级皂沫的断言，多半旨在强化科学家是受到攻击和被孤立起来的少数真理探索者的神话；这种探索者仅靠手中的客观理性为武器，立场坚定地反对怀疑论的潮流。科学斗士的形象与实际科学世界之间的差别是惊人的。在几乎整整一个世纪里，科学的黄金时代形象，那种作为一个现在已经消隐的、有手艺特征的追求形象，其基础已经被商业生产中科学劳动大规模的平民化动摇了。今天，职业科学家的主体是企业工人，他们生产当地的、技术性的知识，不出版自己的研究成果（更不用说科学劳动大军中的那些服务性梯队了，如实验室技师和助手、体力劳动者、维修工和清洁工、中学教师，等等）。研究性科学和生产性科学受起领导作用的武器工业、化学工业、生物技术工业、能源工业和微电子工业的支配。尽管因为萧条而对科学劳动力作了裁撤，但享用基础科学成果仍然是公司资本主义的驱动力来源。而且，与所有有关不带偏见地探索公共知识的漂亮说法相反，保密和竞争是研究的指导性原则，其理由是为了国家机密、公司利益或者职业声誉。

甚至在研究型大学里，在"纯客观科学"的神话能获得最大程度体现的地方，专利保护的黄金律也越来越多地决定着公众对科学信息的分享何时结束，决定着产品开发的原则和对利润的垄断性控制何时取得主导地位。在冷战最严重的时期，国家安全状态直接从对纯客观施口惠而实不至中获益。(除许多其他事例外,还记得那件事吗?化学家路易斯·菲泽(Louis Fieser)开发了固体汽油,在哈佛大学运动场试验,还把他的研究写进一本幼稚地题为《科学方法》的书中。)今天,更有可能的是,生物技术公司在一个以公司—学术双向沟通而闻名的领域里,把分子生物学家的钱包填得满满的。绝非巧合,正是在这同一个领域里,讲述知识统一场论的圣杯神话正广为流传,因为,在人类基因组计划中对遗传"密码的密码"的寻找,满足了旧炼金术士破译物质世界秘密的浪漫向往。

由于科学在20世纪后期如此丧失原则、被工业化和商品化,相信其真理要求会实现蓬勃复兴就不难理解了。可是,隐藏在科学大战背后的十字军骑士们,绝不想把给钱的人扔出科学的圣殿。最重要的是,他们的复仇枪口瞄准那些证明该圣殿是怎么被建立起来,其祭仪又是怎么维持下来的人,即建构主义的学术左派。据说这些人看到了投票箱反映的科学在政治上的贬值而被怨恨所驱使,现在显然参与了一场旨在夺取本由科学家行使的某些学术权威和学术权力的圣战游戏。这些心怀不满的人中有人类学家,比如剖析了各种科学社群的文化信仰系统的布鲁诺·拉图尔(Bruno Latour);有科学知识社会学家,比如揭示了科学研究受利益驱动的本质的爱丁堡学派追随者;有多元文化论者,比如揭示了欧美科学方法中固有的种族主义和性别假设的唐娜·哈拉韦(Donna Haraway)、桑德拉·哈丁(Sandra Harding)和伊夫林·福克斯·凯勒(Evelyn Fox Keller);有颠覆或重新定义客观性主张的哲学家；有证明科学的经验世界观与商业资本主义之间有关系的历史学家；还有证明科学强有力的立场和观点如何在我们的社会里行使其日常的文化权力的文化研究者。这各类人员的政治目的并不相同：（1）有些人只想给经验科学实践提供一种精确的科学描述；（2）第二部分人更有雄心，希望看到科学将其失去光泽的思想从内部的恶习和外部的杂质中拯救出来；（3）第三部分人更合乎规范，想劝说科学家对自己研究工作的政治本质和社会起源持自我批判的态度，提倡科学与作为技术科学发展的意外后果的风险和不公正进行斗争；（4）第四部分人更为激进，他们想创造新的科学方法。这种方法根植于社群的社会需要，除了对公司、政府和军队中实权管理人物负责外，还对其他人的社会利益负责。这最后一个目标是由下述原则驱动的：生活极大地受到科学的超级工业主义的后果影响的人，应该在这些有关科研方向的决策中扮演一个角色。但是，它也意味着严肃地对待下面这个论点：西方技术科学是一种高度本地化的知识形式，因此未必在什么是好的科学思想上拥有世界性的垄断权。

与那种把这些批评视为科学自省结果的看法相距甚远，像霍尔顿那样的预言大难临头的作者只看到了施本格勒式的幻觉："科学倒在自己的剑上"，社会陷入非理性的泥沼。而且，不顾前述多种观点之间存在巨大差异，通过把所有的敌人都漫画化为某种直截了当地拒绝隐性基因或亚原子粒子、甚或万有引力定律等自然现象的存在的可笑的虚无主义者，格罗斯和莱维特将它们统统

"打垮了"。如果没干成别的事情的话,格罗斯和莱维特倒是加强了一种超自然的前哥白尼主义,它把整个社会领域看成是围绕着科学家而旋转的,而且认为这个宇宙中所有的天体都沿着显示出反科学倾向的轻微偏心轨道运动。这样,他们就把一些最不相干的运动搞成了同伙,仅提其中的三个:特创论、整体医学和女权主义。实际上,特创论与其说反科学,不如说是造成基督教的;整体医学与其说反科学,不如说是为人们的健康着想;至于女权主义,与其说它反科学不如说它赞成民主。除了格罗斯和莱维特编造的所谓阴谋的想入非非之外,这些运动之间没有任何联系。这有待于看看科学斗士们想在公众的想象中制造出一个"反科学运动"幽灵的企图是否会成功。如果他们得手的话,他们的企图肯定得到了被说成反对原子弹的人的追剿的帮助,后者是一个媒体事件,它复活了左翼勒德主义技术恐惧的幻觉。

这种陈词滥调的泛滥,现在看来是特别不幸的一件事,因为,现在正是需要对于在先进工业社会人群中产生出来的大范围技术怀疑主义有更多理解的时候。如果对科学的批判已经变成了一种司空见惯的活动的话,那说明科学本身在这个技术专长时代变得越来越具有排他性了。把车间转变为一个知识生产场所的远程通讯和信息处理业,也增强了科学专长的权力和权威,即把数字文明建成一种新精英群体的国际通用媒介。对于缺乏电脑知识和经验的人来说,这种文明几乎是不可理解的,这种情况可能是自从远古或者人类开始推进工业化以来头一次发生。一个私人化知识社会的兴起，并不能解释为公民在科学上见多识广，它建立一个技术专业知识的等级制度，而且尤其使科学家能够以批评民众的"懂得还不够多"为理由，把自己从公共责任中解脱出来。可是，从技术上对核裂变必须了解多少，才能断定利用核能是一种对社会具有摧毁性作用的主意呢？还有，对操纵遗传物质提出质疑，到底有什么不合理的地方呢？狭隘的科学专长使其实践者很不胜任广泛运用社会理性的角色，而它正是保证科学不受公众批评的同一种专家知识。

科学研究以前也遇到过说它在技术上缺乏经验的指控。这种抱怨在SSK（科学知识社会学）学派的"描述性措辞"中遇上了一种经验性回应。这在巴里·巴恩斯（Barry Barnes）、戴维·布卢尔（David Bloor）、史蒂夫·夏平（Steve Shapin）、迈克尔·马尔凯（Michael Mulkay）和哈里·柯林斯（Harry Collins）的著作中得到了阐述，而且为奈杰尔·吉尔伯特（Nigel Gilbert）、琼·藤村（Joan Fujimura）、伊恩·哈金（Ian Hacking）、埃里克·利文斯顿（Eric Livingston）、特雷弗·平奇（Trevor Pinch）、南希·卡特赖特（Nacy Cartwright）、戴维·古丁（David Gooding）和其他人所效法。与其说研究科学的产品或者科学家自己有关科学的表述，还不如说SSK的强计划是赞同在实践中研究科学，这是产生了实验室程序的著名的人类学解释的研究进路。比如，布鲁诺·拉图尔和史蒂夫·伍尔加（Steve Woolgar）的《实验室的生活》(*Laboratory Life*)，卡伦·诺尔-塞蒂纳（Karen Knorr-Cetina）的《知识的生产》

(*The Manufacture of Knowledge*),迈克尔·林奇(Michael Lynch)的《实验室科学中的艺术和制品》(*Art and Artifact in Laboratory Science*),在另一个方面还有沙伦·特拉威克(Sharon Traweek)的《欢笑期和生命期》(*Beamtimes and Lifetimes*),它们一般还分析了社会利益在研究的每一个方面所发挥的作用。这些研究证明,科学知识不是由物质世界给予的,而是通过在科学家与其工具之间的社会互动生产和建构起来的,这种互动以概念工具为中介,后者是为了建构和解释实验结果而创造出来的。

由这种注意得出的结果是一种对"积极活动中的科学"的更具科学性的描述,这种描述能更好地消除科学家意识中的神秘色彩——即研究环境(实验室和社群)是一个所谓纯客观的隔离带。不过,描述性措辞中的相对主义,常常被批评为一种最终宣称所有的信仰——依据内部的或外部的标准无论真假都在社会学上等价的理论。它对消除所谓只有科学家能搞科学的精英主义的看法没有起任何作用,而且它还回避了可能会使科学体制发生变化的所有合乎规范的分析或评价性的分析。由于选择了一种避开偏向于赞同特定价值的道德主义批判的社会实在论,SSK对科学的社会建构所作消极解释被指控为政治寂静主义。虽然与实证主义观点相反,其证据没有任何特别的东西将科学与其他社会活动区别开来,但这种证据本身就是一种重要成就。不过,这种证据本质上不能引向从事科研的替代道路。它也不能为科学的成败提供替代标准,即不同于按照军队、资本或国家的需要而构建起来的那些标准的标准。其他那些更合乎规范的批判——特别是来自女权主义者的批判认为，科学只是知识的一种不完全的表述，而且它的方法和程序不仅鼓励在有关种族和性别的社会对立问题上的无知，而且还积极地使这种对立永恒化。

在一个劳动分工越来越被技术知识等级所层次化的时代，在一个科学知识被系统地从教育轨道上扫除而纳入私人资本的轨道的时代，坦率的批评者别被"技术上无知"的指责所吓倒，这一点非常重要。专门知识并非天生就是不符合民主原则的，但是它在技术社会里大显身手会把公民的影响降低为零。

我们需要非科学家参与有关科学的优先级[①]的决策；"为人民的科学"这个概念比以往任何时候都更加重要，而现在又比以往任何时候都更加遥远。我们必须承认科学不止一个版本，因为如果只有单一的方法，那么它总能将其社会致污物"清除"掉，并重新加以强化。我们需要围绕生存环境中依据人们的经验而建立起来的多种科学方法，这种环境是与实验室仪器构成的那种封闭环境对立的。当我们面对绿色革命中技术变革书写的毁灭史时，必须鼓励为获得土生土长的第三世界技术科学而开展的运动，这种技术科学根植于当地知识和当地资源，是可持续的和很实用的。借助军事科学的回报系统，巨额资助被技术资产分派证明是合理

---

① 这是指自然科学中各种科研计划之间的优先级，而不是自然科学和别的学科（人文学科、社会科学）以及别的人类活动（军事、经济、日常生活）相比的优先级。——译者注

的,因此我们必须向该系统挑战,批评它是一种不合适的资助科学探索和把科学利益传播到社会上去的方法。而且,当科学斗士和他们的漫画控制着专栏版面并且获准弯下腰去向学术管理人员和政府官员说"悄悄话"的时候,我们必须倾听与我们分享上述忧虑的非保守主义科学家的看法。

本书是《社会文本》杂志(Social Text)的一个专号的扩充版。组织这个专号是想提供一个论坛,以便从事科学研究的学者可以直接对由科学大战引起的讨论各抒己见。由于除了有一些零散的评论外,尚未对《高级迷信》一书作出有组织的、公开出版的回应,编者感到这样一个论坛势必十分有用。我们要求撰稿者要么提供自己工作中的实例,要么对诸如格罗斯和莱维特的论著在他们自己领域的工作中引起的反响加以评论。这些来稿恰如其分地各有特色,作者包括自然科学家、社会学家、人类学家、历史学家以及从事文化研究和文学研究的学者,既有美国的,也有英国的。

《社会文本》这个"科学大战"专号还刊登了一篇由艾伦·索卡尔(Alan Sokal)主动投寄的文章。当作者披露该文只是一个恶作剧之后,它在公众媒体和学术讨论中引起了广泛的关注。索卡尔后来宣布说,他开这个玩笑的目的是按照《高级迷信》的风格提供一篇科学研究的评论文章,因此这个恶作剧就成为科学大战本身的重要事物了。[①] 另外,它在文化大战中被用作一个工具,不仅被保

---

① 因此,编者认为该文不是有关科学大战的评价,不收入《科学大战》一书。——译者注

《社会文本》其中一期封面

守主义者而且被那些宣称自己是进步人士的人所利用,后者试图谴责各学术领域的"学术左派"偏离了正义的道路。尽管索卡尔事件使格罗斯和莱维特的书所确立的那种漫画手法后继有人,但它也为由科学和技术研究提出的话题带来了广泛得多的听众。不幸的是,索卡尔的这个假冒的科学研究,可能会被许多没有读过除他以外的其他文章或者关于这篇文章的新闻报道的人按照其票面价值去阅读。结果又会分散听众对真正来自这一领域的声音的注意力,这些人里有多位在本期专号中撰写了文章。为了对挑起了科学大战的主张提供范围广泛的回应,本书力图补救上述疏漏。

(感兴趣的读者可以参考索卡尔在《社会文本》第47/48期上的那篇文章,以及登在《通用语》杂志(Lingua Franca)1996年5月号上的编读往来。)

最后,请允许我为专号和本书的出版感谢《社会文本》编辑部的编辑同事,特别是布鲁斯·罗宾斯(Bruce Robbins)、兰迪·马丁(Randy Martin)和莫尼卡·玛西兹基维奇(Monica Marciczkiewicz),感谢杜克大学出版社的肯·维索克(Ken Wissoker)、安吉拉·威廉斯(Angela Williams)和简·布雷迪(Jean Brady)。

选自《科学大战》,(美)安德鲁·罗斯主编,
夏侯炳、郭伦娜译,江西教育出版社,2002年。

物理学家试探"泡沫学术",两种文化论争热闹空前

刘华杰　呼延华

| 导读 |

刘华杰(1966—　),原籍吉林通化,哲学博士。现为北京大学哲学系教授,从事科学元勘、博物学等方面的研究、教学及译介,并对中国当代的伪科学有深入研究。近年大力提倡博物学,成为博物学在中国"中兴"的不二功臣。

呼延华,曾为报纸编辑,现为书籍策划人。

引子:童话故事再次吸引大众

对后现代思潮有研究的专家,可能看过《社会文本》(Social Text)这个杂志。它1978年创刊,是一部关于文化和政治分析的学术季刊,编辑成员包括纽约市最有影响的一批学者、批评家、艺术家和作

家,他们自以为秉承了广义的左翼政治传统,这些"文化精英"大多接受现在在中国学界竟然也时髦的"后现代主义"观点。《社会文本》共有14个编委,罗宾斯(B.Robbins)和罗斯(A. Ross)共同担任主编。最近几年此刊物出版了几个专集,分别讨论生态学、大众文化、后殖民主义、激进民主和全球重构等,1996年春夏合刊(#46/47)开辟了"科学之战"专栏,刊出了一篇长达35页的论文《跨越边界:通向量子引力的变换解释学》。作者是纽约大学物理系量子物理学教授索卡尔(Alan Sokal)。三周后索卡尔在《交流》(*Lingua Franca*)杂志发表解谜文章《一个物理学家的文化研究实验》,彻底否定了前面的论文。当然不是因为作者的立场和观点变得迅速而捉摸不定,原来作者只是想试探一下《社会文本》,故意投其所好,有意模仿后现代"行话",装出对科学批判很在行的样子,撰写了一篇纯粹胡说八道的所谓研究论文,而杂志社堪称学界精英的后现代学者(杂志社编辑)竟一无所知,反而认为论文达到了相当的水准,正式发表出来。

此学术丑闻一经曝光,立即引起学术界、科学界、新闻界极大关注,"两种文化"的争论迅速白热化。美国、法国、英国、德国、印度、比利时等地报刊纷纷就此"索卡尔/《社会文本》事件"连续发表多篇评论。相当多的社会学家、心理学家、哲学家、科学家、数学家,当然还有记者和广大互联网(Internet)爱好者,参加这场讨论,其中包括诺贝尔奖获得者温伯格(S. Weinberg)。物理学家索卡尔当之无愧成了文化明星。

索卡尔，一个研究临界现象和量子场论的物理学工作者，为何要这样做？这种恶作剧是否违反学术道德？这种精彩的社会学实验结果说明了什么？人们是如何评论的？后现代的科学批判是否因此而遭受严重挫折？索卡尔事件对于"两种文化"之争起了什么作用？启蒙、后现代与文化政治中的"左派"是什么关系？

1. 实验者的一级动机：检验学术水准

人们也许立即觉得：是不是小题大做了？世界上每天发生着数不清的恶作剧，索卡尔事件充其量说明《社会文本》审稿不慎，被人愚弄了。但这种简单的解释与事实不符，也低估了物理学家索卡尔的明确动机。索卡尔是位科学家，以前在尼加拉瓜大学教书多年，后到纽约大学物理系任教，研究领域是临界现象和量子场论，曾与同事合著《随机行走、临界现象与量子场论初步》（Springer，1992）。业余时间，索卡尔十分关注科学哲学和文化批判。"多年来，我对美国人文学术某些领域学术严格性标准的明显下降，感到颇不舒服。"但是他同时觉得自己仅仅是一位物理学家，办事讲求逻辑、理性和经验证实。"于是，为了检验流行的学术标准，我决定实施一个朴素的实验，尽管公认是一个未加控制的实验：这家领衔的文化研究期刊是否会发表一篇它看起来不错又迎合了编辑意识偏好的掺入了胡言乱语的论文？"索卡尔于是于1994年11月28日向《社会文本》提交了一篇迎合后现代观念、努力化解科学客观性的"论文"。主编罗斯认为不错，于1995

年5月13日又让索卡尔作了一定的修改,并谈了自己的一些看法。正如前面提到的,《社会文本》主编们没有识破计谋,竟将这篇冠冕堂皇(实则错漏百出)的"学术论文"正式刊登出来。

事后索卡尔承认文章完全是故意捏造的,《社会文本》的编辑起初仍然不相信。索卡尔于是得出结论:不幸的是,这些人文学者的学术水准的确不佳。

2. 泡沫学术:当真假、好坏的标准被解构了以后

索卡尔提交的论文大量断章取义地引述了知名科学家(如玻尔、海森堡、贝尔、闵可夫斯基、爱因斯坦、玻姆)的言论,也十分内行地转论了后现代文化大师(如利奥塔、拉康、德里达)论科学的精彩片断,还恰当地指出了当代十分活跃的社会文化研究精英们(包括《社会文本》的主编、编委们)的研究成果。所使用的语言完全符合规范,从形式上看似乎没有破绽,为此索卡尔还真下过一番功夫。

但是论文的好坏不取决于形式,甚至不单纯取决于它的结论(索氏的结论当然是《社会文本》求之不得的),而主要取决于内容、论点与论据的组织方式。索氏论文长达35页,列有217篇参考文献(个个准确无误,没有虚构),此外还加有109个注释(条理清楚)。此文开始是一段序曲,说明本文的动机(不是真实动机!)在于阐明社会文化批判对于自然科学家,特别是物理学家从事科学研究有重大作用,客观知识和独立于人存在的

客观对象的概念应当抛弃。接下去列出6个小标题：(1)量子力学：不确定性、互补性、不连续性和间性(interconnectedness)。(2)经典广义相对论的解释学。(3)量子引力：弦、编织或者形态发生场(morphogenetic filed，新时代术语)。(4)微分拓扑与同调(homology)。(5)流形理论：整体与边界。(6)跨越边界：通向一种人文科学。最后是"致谢"。

索氏试验论文的荒谬性在于三个方面：(1)有意掺进了大量常识性错误，有点数理知识的人，甚至中学生，也能识别出其中的一部分。比如认为复数理论是最新数学成就，将量子系统中的"不可对易性"等同于"非线性"，认为圆周率和万有引力常数的数值也可以随着新的科学发现而变化，认为拉康的心理分析推断被量子场论所证明，数学集合论中的相等公理类似于女性主义(feminist)政治学中的同一(homonymous)概念。(2)全文几乎没有论证，到处是一些自信的断言。论文虽长，但除了谁说谁说，还是谁说谁说，除了论点就是结论。这也许符合某种"主义"的文风。(3)乱用时髦的科学名词，如相对论、多维流形、混沌理论、突变理论、隐变量、普朗克尺度、引力场、微分拓扑、弯曲时空、超弦、对称二阶张量、同调群等。文章虽然没有一个数学公式，但堆砌了如此多的科学术语，面貌可敬，难怪《社会文本》丧失判断力。

索氏的"论文"讨论的是理论物理学的成果（如量子引力）与时髦的文化批判理论（如解释学、后现代主义）的关系，《社会文本》编辑们对现代科学甚至传统科学，完全是外行，他们看重的仅仅是自己喜欢的结论,因而完全相信索氏论文的坚实性。

表面看来这仅仅是由于知识爆炸,当代人文学者不可能了解那么多自然科学和数学知识。实际上这道出了一个显见的事实:当一切还原为话语、解释、语境、主体间性、社会建构,任何论点就不再需要严谨的论证,自信和伪装出来的博学便是一切。《社会文本》主编本可以就索氏的论文征求科学家意见,但他们没有,他们很得意,他们相信他,相信他的诚实。实际上他们总是以学术精英自居,丝毫不怀疑自己的眼力。当肥皂泡越吹越大时,危机是潜伏着的。

3. 连锁效应:索卡尔成了明星

《社会文本》两位主编罗宾斯和罗斯迅速在《交流》杂志上对索卡尔的行为作出反应,索氏正是在此杂志上公布秘密的。文中谴责了索氏的欺骗行为,认为这违背学术规范,同时也对《交流》杂志事先未与同行通报一下就将索氏的文章刊出表示遗憾。此外两位主编还作了一些说服力不强的辩解:如本杂志不采用审稿制,主编事先也发现索氏的文章是拼凑的,假如此文章出自人文或社会科学学者之手,可以认为它有点过时了,但考虑作者是位物理学家,于是就刊出了。

索卡尔接着又给《社会文本》投去一稿《跨越边界:跋》要求发表,遭到拒绝。此文最后发表在《异议》(Dissent)杂志1996年秋季号上。在此文中作者进一步指出自己的深层动机:为"左派运动"寻找合适的方法。他说:"我承认,我是一位不害臊的老式左派人物,我很怀疑解构如何能够帮助工人阶级。我是一个墨守成规的科学家,我天真地相信存在一个外部世界,也相信存在关于这个世界的客观真理,我的职责就是去发现其中的一些真理。如果科学仅仅是我们同意称之为真的所谓社会约定,我犯不上将我一生中大量美好时光花在这上面。"

1996年10月30日索卡尔在纽约大学作演讲(最后以《寻求理性、证据和逻辑》为题发表在《新政治学》杂志1997年冬季号上),再次强调自己对左派运动未来的担忧。他认为自己的深层动机不是为科学辩护,而是基于美国学术界的左派运动日益脱离社会实际,沦为晦涩的语言游戏,从而对左派的发展有危害。

1997年8月1日索卡尔受特别邀请为《建筑在沙滩上的家园:后现代主义者科学神话曝光》(N. Koertge ed. Oxford University Press, 1997)撰写专稿《〈社会文本〉事件证明了以及没有证明什么》。篇首引用了劳丹在《科学与实在论》中的一段话。索卡尔说:"我承认有些难为情受邀为这部关于科学的历史、社会学和哲学的文集写一篇介绍性文章。我毕竟不是社会学家和哲学家,我仅仅是一位理论物理学家,对科学哲学有些业余爱好,对于清晰思考问题或许有点朴素的技能。所以,《社会文本》的发起人之一阿罗诺维兹(S. Aronowitwz)称我学识浅薄,是个半文盲,绝对正确。"他解释说,尽管他的举动可能带来一些伦理学问题,但其动机和所尝试的实验是完全严肃的。可贵的是索卡尔在此文中还对科学社会研究究竟应该考虑哪些问题,以及怎样研究,提出了自己的见解,这种见解相当程度上代表了科学家群体的期望。

索卡尔与比利时科学家合著的《知识赝品》在法国出版,引起后现代之乡学界强烈反响,目前索氏正在准备此书英译本。

4. 读者的反应:信息时代的大众传播

我们还是看看国外学术界如何评论此事。诺贝尔物理学奖获得者温伯格1996年8月8日在《纽约书评》上写了一篇优美的评论《索卡尔的戏弄》。他说此事件使人想起学术界其他一些有名的欺骗案件,如由陶逊(Charles Dawson)制造的辟尔唐人(Piltdown man)伪化石事件和麦克尔逊(James Macpherson)导演的伪凯尔特人史诗《奥西安》(Ossian)事件。区别在于索卡尔为的是公众利益,为了使人们更清楚学术标准的下降,他自己主动揭穿欺骗行为。而那两起事件是有人为了私利故意做伪,并由别人加以揭露的。温伯格说:"科学家与其他知识分子之间误解的鸿沟,看起来至少像斯诺若干年前所担忧的那样宽。"(斯诺1959年5月描述了人文文化与科学文化的对立——作者注)。

美国奥林比亚市的莱顿(David Layton)1996年给《交流》杂志去信说:"我很高兴看到有人证明文学理论皇帝没穿衣服。对我这样一个相对新式的人文学者而言,只是在近来才接受了这个强烈的、辛酸的教训。我当初追赶学术潮流,在我的学位论文中激动地证明后现代幻想如何显示了科学话语的文化建构性。但是当我读了更多的东西后，认识到攻击科学话语的后现代思想者们根本没有思考，只是在玩概念游戏。同索卡尔一样，这种怀疑导致我的思想转向。"

《社会文本》创始人之一阿罗诺维兹在1997年冬季号《异议》杂志上为《社会文本》辩护。他说，索卡尔也许不该选择《社会文本》作为攻击对象，难道他真的以为此杂志的编辑们都拥护解构主义，怀疑外部世界的存在性并且反科学吗？如果真的如此，他或者误读了创刊17年之久的这家杂志，或者他的选择相当任性。"他（索卡尔）相信理性、逻辑和真理完全是不成问题的。他有一个持久的信念：通过严格使用科学方法，自然就会得出无偏见的真理。按照这个教条，存在'客观真理'，因为地球围绕太阳转，引力存在，以及其他各种各样的自然定律。所以索卡尔从来就没有考察证据或事实的本质，只是简单接受它们，如果它们是通过称之为'科学'的领域的某种算法推导出来的。"

麻省理工学院科学史、科学哲学教授

《交流》，其他选文中亦译作《大众语言》。

凯勒（E. F. Keller）认为，《社会文本》主编的辩解苍白无力，只能使事情更糟糕。从事后现代科学研究的学者的所为严重脱离实际需求，当真理、客观性、科学证明的有效性被化解后，学者们便无法区分学术质量。

英国杜海姆大学社会学、社会政治教授富勒（Steven Fuller）说："作为《社会文本》的作者之一，我必须承认当初我并没有发现索卡尔的诡计。相反他在文化研究中的博学给我留下了深刻印象。我当时想：如果这位物理学家更多地了解他自己领域的历史，他就不会陷入充满后现代套话的散文中。"富勒于是诊断出，索卡尔是未受物理学历史教育的牺牲品，此人过分相信文化研究的激进主张，而不了解自己领域前人（如迪昂、庞加莱、赫兹、马赫等）所做的研究。

纽约大学哲学教授内格尔（Thomas Nagel）和玻赫西安（P. Boghossian）认为："索卡尔事件提出的中心问题不是科学的哲学、社会学和政治学研究是否合法的问题，而是今日在'文化研究'旗帜下松散地集合起来的学者对所从事的工作是否胜任的问题。"

哥伦比亚大学比较文学系莫莱蒂（Franco Moretti）教授特别反驳了《社会文本》两位主编的解释："《社会文本》并未提供充足的理由，而是求助于各种维多利亚式的虔诚（"欺骗""伦理的破坏""不负责任""良好愿望""忏悔"），以求驱除索氏的戏弄。来吧！你是一家学术争鸣性的期刊，并开辟了'科学之战'专栏。放下你的架子，接受事实，只有这样更有趣的讨论才能开始。"

显然争论还会持续下去，胜负一时难有公论。实际上，重要的不是哪一方胜利，显示哪一方更高明，让哪一方丢尽脸面，而是通过此次公开、坦诚的直接对话，真正暴露科学与人文之间的分歧所在，为它们的沟通做好基础性工作。这也正是这次空前文化大辩论的意义所在。

5. 文化论争与流派分歧

前面提到，索氏恶作剧有两层目的。索卡尔本人在多种场合自称是政治上的"左派"，同情工人阶级，他曾在尼加拉瓜桑地诺政府下的大学执教多年。在政治立场上他与诸多后现代主义是一致的，因为《社会文本》的一些创始人也自称是马克思主义者。

索氏认为他与那些人文学者的区别在于对于左派运动的策略和方法所持的态度。索卡尔认为人文学者所采取的解构办法，无助于事情的解决，反而使主观主义、相对主义、非理性主义泛滥。

索卡尔事件给人什么教益呢？是否就据此大加攻击人文学者，进一步加剧本来已现裂缝的"两种文化"之间的对立？科学界是否一如既往地指责人文学者缺少基本的自然科学素养从而应当从中学课程补起，而人文学者是否继续指责科学家没有文化、只顾拉车不会抬头看路、死脑筋走到底、成为社会政治的牺牲品？

这种看法太陈旧了，人们早就发现了其中的弱点：知识分子窝里斗，不能团结起来，从而不能在社会上扮演一种起决定作用的独立的角色。曾记否，知识分子整知识分子最在行。

《社会文本》事件存在这样一种假象：以为此番争论可划归为"左翼反科学派"和"捍卫传统价值的科学派"之间的争论。"我们要特别强调政治上的左翼未必与反科学有必然联系，传统价值的捍卫者也未必与科学更接近多少，有时恰恰相反。"麻省理工学院科学史与科学哲学教授凯勒也敏感地意识到这一点。

回到中国现实，在世纪之交，中国的文化争论潜藏如下几个线索：启蒙派、国粹派、保守派和后现代派。这种划分可能过分简单，但大体上没错。这几年，在学术界最流行的是国粹派和后现代派（请不要对号入座，这里的分类十分笼统，未必适合某一个具体学者），这可从出版物的数量以及所举办的学术会议次数、规模上得到验证。但是这两派都有自身难以克服的缺点，国粹派缺少科学精神，并有狭隘民族主义情绪，不加分析地一味宣称下世纪是儒家文化的世纪。后现代派脱离中国实际照抄西方发达国家知识阶层的话语形式，同时一定意义上继承了其反科学传统，此外作为边缘性的后现代，砸罐子容易造罐子难，它处于边缘时总是合理的，当其向中心挺进时，它的意义和生命力就完蛋了。

要建设民主、富强、可持续发展的中国，文化领域这几派单独哪一支都不能胜任空前艰巨的历史任务，必须相互借鉴，取长补短，有意识地探索新的文化流派，构建一种具有时代特色、民族的也是世界的新文化。当前迫切要做的是整合人文与科学的分裂。

原载《中华读书报》，1998年1月14日。

重审科学与人文[1]

吴国盛

科学与人文的问题今天许多人都在谈,大家都意识到科学与人文之间存在着分裂,应该弥合它。但是怎么弥合?能不能弥合?如果说科学与人文本来就是两码事的话,我们干吗要弥合它呢?如果人文与工程技术没有关系,或者人文教育根本就不利于工科人才的培养,为什么我们搞工科的大学要办人文学科?这里有很多理论问题并没有解决。我们隐隐约约觉得应该这么做,但是为什么应该这么做,问题没有搞清楚。所以我想我今天也提供一个看法,请大家一起来讨论。

问题从何谈起呢?首先要说,科学与人文的问题直接关系到当代中国科技政策的纠偏问题,也就是说,我们目前的科技评价体系、目前的科技政策,有些急功近利,有些重量轻质,有些重理轻文,有些

---

[1] 此文为作者 2002 年 1 月 6 日在东南大学的演讲。

重应用轻基础。我感觉,这件事情可能从根本上违反科学精神。这里当然还牵涉到科学的社会形象问题。科学究竟是什么?现在我们说得最多的是科学技术是第一生产力,这当然不错,但还不够,不够在哪里?这是问题。还有一个是教育问题。过去几十年来我们的教育分科太严,文不学理,理不学文,重理轻文,这个局

漫画科学与人文

面给我们的人才培养带来一个很严重的问题，这个问题的背后实际上蕴含着某种对科学与人文的态度，当然是不正确的态度。还有一些理论问题，比如，中国古代有没有科学？我们经常说中国古代有科学啊，我们的四大发明，我们的什么什么，这个、那个，但有人较真地一分析，说你这个都不是科学，只是技术嘛。那么我们古代究竟有没有科学？当然你要回答中国古代有没有科学首先你要告诉我什么是科学，如果你连什么是科学都没搞清楚，那你当然不能很肯定地说中国古代有没有科学。还有，社会科学是不是科学？现在有很多搞文科的都愿意说，社会科学嘛，当然是科学了，你不是科学你就捞不上第一生产力这个光荣称号嘛，你没有这光荣称号就没有经费，就没人支持你了。可是，在什么意义上社会科学是科学？我们要考虑。还有，我们这几年从上到下，人人都讲科学精神，那么科学精神究竟是什么东西？一人一个说法，让人不知所措，那么科学精神究竟意味着什么？

所有这些个问题，按照我的看法，都贯穿着对于科学与人文关系的理解，不同的理解将会导致对以上问题作不同的回答。我们今天的讲座分六个问题：先讲人文意味着什么，再讲科学是什么意思，近代人文是什么，近代科学是什么，近代科学与近代人文有什么关系，最后落实到对科学精神的解释上。

何 谓 人 文

什么是人文？人文从汉字来讲是两个字，人和文，两个东西。

第一个讲的是人，理想的人，理想的人性。第二个是文。"文"通"纹"路，就是划道道，就是要刻点什么东西上去，就是要"雁过留声，人过留名"，就是留点什么东西。文就是人表达自己人性的方式。"人文"这个词最早见于《易经》："观乎天文以察时变，观乎人文以化成天下。"这里的人文就是教化的意思，表达了"文"而化之的意思。

西文也包含着同样的两层意思：从词型上看，Humanities（人文）显然与Humanity（人性）有关，而从来源上看，Humanities这个词其实也是教化的意思。Humanities来自拉丁文Humanitas，而Humanitas则来自希腊文Paideia，就是教养的意思。公元2世纪的罗马作家格利乌斯有一段话，是迄今为止关于Humanitas最经典的一个说法。我们一般讲Humanities容易想到讲人道，讲友爱、博爱，可是他说，拉丁文Humanitas这个词并没有人们通常以为的这个意思，希腊文有一个词说的是这个意思，即philanthropia，可是他说Humanitas并不是对这个希腊词的翻译，而是对另一个词即Paideia的翻译。这个Paideia是什么意思呢？它就是我们所说的高雅技艺的教育与训练，就是教养的意思。他说为什么要把这种教化培养称为人性的表现呢？因为只有渴望追求这种方式的人才具有最高的人性。

好了，语言学的事情就讲到这里。我们知道了两样东西，一个是理想人性，一个是对这种理想人性的培养方式。那么有没有普遍公认的理想人性呢？我个人的看法是，对于大的文化系统来讲，它们所认可的理想人性可能是不一样的。今天我们比较关注两大文化，一个是以希腊作为起源的西方文化，一个就是我们中国文化。这两大文化各自推崇的最基本的理想人性是一样的吗？我看不一样。按照我的理解，希腊人所推崇的理想的人性就是自由，自由是他们的最基本的人性，他们的所谓人文教化也就是自由教育。我们可以注意到有些英文词组就带有这个痕迹，像这个Liberal education，你不能翻译成自由教育啊，应该译成人文教育。还有Liberal arts，不能翻成自由艺术，翻成自由艺术不知所云，它其实就是文科的意思。为什么Liberal education，Liberal arts要翻成人文教育、文科？那是因为在西方的传统中间，这个人文学科的核心是自由。

昨天我还在浦口校区跟同学们谈，自由是构成一切人文学科的一个基本的价值支点。没有自由什么都不要谈，我打你一拳我为什么要负责任，我给老人让座为什么是德性高尚的，就是因为我可以打你也可以不打你，我可以让座也可以不让座。如果我腿坏了我只能坐在那里，你不能指责我不让座是道德上有问题。如果我打过去是由于某种物理规律的必然性造成的，那这个我也没有办法。所以道德价值要求你自由，这从希腊时代开始就是很强调的。但是注意，在我们中国人这里并没有这个自由。我们中国人最高的人性是"仁"，仁义的仁。这个教化的方式是"礼"。这里的区别究竟在哪里呢？举一个例子。亚里士多德有一句名言："吾爱吾师，吾尤爱真理。"大家都知道，它的原文是：我爱柏拉图，但我更爱真理。这里面渗透的是一种什么精神呢？对比我们中国也有一句名言。中国人讲"子为父隐"，就是老子犯了错误，你儿子不能去张扬，不能去举报的。你举报了就有问题了。为什么呢？你首先破坏了这个基本的人性"仁"，因为我们中国的"仁"首先是体现在血亲之间。如果你父子之间的这种关系都敢于打破的话，那你对"仁"这个基本的人性就是一种破坏。这两句名言里可以看出来中西方之间理想人性的巨大的差异。

如果说与"仁"相对应的教化形式是"礼"的话，那么和"自由"相对应的教化形式是什么呢？我们说与"仁"相对应的是讲"礼"，只有通过一系列礼节的训练才能把理想人性内化到你内心里去，那么，让我们比较一下"仁"和"自由"这两种理想人性之间不同的内化方式，从这里，我们也许会发现不同的人文形式。那就是，我们经常说的中国人讲"动之以情"，西方人重"晓之以理"。这里面区别在哪里呢？我们也可以举个例子。孔子曾经讲到，有一个人问他父母死了以后为什么要守孝三年呢？为什么不是两年？为什么不是一年？为什么不是五年呢？这个问题当然也是个问题，对于西方的思维来说是很合理的。孔子如何回答呢？孔子并没有跟他讲为什么三年，而是说，你的父母亲含辛茹苦地抚养你，他们吃的苦可不止三年吧，他们为你操的心可不止三年吧，他们为你做的很多牺牲可不止三年吧。就这样，讲了之后，提问者就慢慢地打消了这个问题，他就不再认为三年是个问题了。这就是动之以情的结果。当然，每一种文化都是多样化的，通常是讲情也讲理的，但不同文化有不同的侧重。我们还可以举一些例子，比如有些少数民族的同胞想提一个问题，但他不是直接讲，而是不停地跟你打比方，讲故事，唱歌儿，什么"草原上的雄鹰呀"，什么"乌云散开太阳出来呀"，讲一大堆。经过这么一大通铺垫，到他真的把问题托出来的时候你感觉问题提得真有理，非得这么做才行。这就是动之以情的效果。

好了，与"仁"这种人性理想相对应的人文形式是"礼"，而礼的说服方式是"动之以情"，那么与"自由"这种理想人性相对应的人文形式是什么呢？不用说，就是"科学"，而科学的思维方式，典型的就是"晓之以理"，即要不断地问"为什么"。

何 谓 科 学

我们开始讲科学。中文的"科学"这个词直接翻译自 science，而且跟 science 这个词的用法大致类似，基本上指的是自然科学 natural science，而 natural science 通常指的是数理科学，数理科学通常是以牛顿科学为典范。不过这种理解也有问题，把科学理解得太窄了。把许多数学化不够的学科，如博物学打入另册。诺贝尔奖里面只有医学和生理学奖，没有地学、博物学、生态学等。再有，把科学限制在数理科学方面，就无法理解牛顿科学这样的典型科学从哪里来的。要知道，一进入历史的环节你就会发现牛顿科学其实属于一个更古老的传统。它不是空穴来风突然冒出来的。它属于什么传统呢？简言之就是西方科学传统，就是说，在西方本来就有一个科学传统，牛顿科学不过是这个传统孕育出来的一个品种。

为了阐明这个西方科学传统，我们再讲讲德文的科学，wissenschaft。德文的科学一词跟拉丁文 scientia 差不多，含义比较广，包括自然科学，也包括社会科学，还包括人文学科。德国人代表的这个传统，倾向于从一个宽泛的意义上来理解科学。比如说意大利思想家维科的《新科学》，实际上讲的是历史哲学，但是它冠名以新科学。黑格尔把哲学叫做科学，而狄尔泰呢，讲精神科学，他把人文学科经常叫精神科学。李凯尔特则把人文学科叫做文化科学。这些叫法显然和英文的叫法不同，它们显然不是 natural science 嘛。为什么都能叫做科学呢？这是因为它们都属于同一个知识传统。胡塞尔讲欧洲科学的危机，这是 20 世纪一个很重要的哲学命题，但他不是讲的自然科学的危机，他讲的毋宁说是欧洲人性的危机。胡塞尔把科学的危机与欧洲人性的危机等同起来，非常具有启发意义。

西方科学传统起源于希腊，它的关键词是理性。我们可以注意到，在西方思想史上，哲学和科学永远都纠缠在一起，许多时候甚至没法区别。西方历史上第一个哲学家也是第一个科学家，西方的科学家做大了必然就是哲学家。比如爱因斯坦，当然就是哲学家了。爱因斯坦在世的时候，有一个叫席尔普的编写了《在世哲学家文库》，其中就把爱因斯坦编了一卷。为什么呢？因为从根本上讲哲学也是一种科学，它是讲理的，是理性科学。

所谓的科学理性有一些什么特点？科学理性有两个方面，第一个是内在性。所谓内在性就是纯粹性。我们经常说自然科学有自己的目标，有自己的手段，可以为自己立法，我的毛病我自己知道，不用你们来教，我自己可以纠错，我自己可以解决问题。这是什么意思呢？无非就是一句话：自然科学是内在的。理性从来都是为自己立法的，它不需要外在的法律。这是西方人对人类文明的一大贡献。它发现有一个理性世界，这个世界是自己为自己立法的，这个自己为自己立法意味着什么呢？意味着内在性本身就构成了我的最高价值的来源，就是合目的性。理性提供了一个最高的价值系统。我们经常说："你要讲理啊！""真不合理啊！"我们中国人喜欢说合情合理合法，是把理放在情以后的。为什么呢？我们中国人喜欢说公说公有理，婆说婆有理，理是相对的，而情在我们看来，反而是比较绝对的，所以情高于理。但是西方人把这个"理"抬得很高，而且抬到了内在性的高度。到了这个高度，理就是绝对的，而不是相对的。

苏格拉底曾经说未经省察的生活是不值得过的，这是他的一句名言了。为什么一个人没有反思能力活了就白活呢？为什么一个人活了一辈子从来没有反思过自己就是白活了呢？这是因为他认为他从未触及理性世界，而一个没有触及理性世界的人，在他看来就没有掌握自己的人性，没有达到自己的人性。还有康德。康德有很多书，重要的比如说《纯粹理性批判》，实际上讲的是纯粹理性如何能为自己立法，如何能够通过内在的方式整出一套规则过来,而《判断力批判》谈的就是目的性。理性本身就提供一个目的因。今天我们一说理性好像就是一个规则,一个客观的定律,没有目的性。这是有问题的。胡塞尔讲欧洲科学的危机在于,一方面非理性主义全面放弃理性,另外一方面实证主义只强调一种片面的理性主义。片面的理性主义事实上放弃了对普遍性的寻求,它只讲事实理性,不讲价值理性;只讲工具理性,不讲目的理性。今天的许多科学家自动把自己陷在一个所谓道德中立的地位,不考虑道德问题,这恰恰是一种片面的理性,是一种分裂的理性。放弃了普遍理性的寻求,必然会导致一系列的分裂。科学与人文的分裂实际上是理性分裂的一个自然的后果,所以也是胡塞尔所谓危机的表现。

希腊—欧洲人这样的一种知识追求,是由他们的理想人性决定的。刚才我们已经说了,如果说中国儒家的人文形式是仁和礼的话,那么希腊—欧洲人的人文形式就是自由和科学。我们可以举一个中国星占学和希腊数理天文学的例子。我们知道,中国人也好,希腊人也好都面临同样一个灿烂的星空,都非常注意天上的现象,都把天上的现象勤勤恳恳地记下来,但是在此基础上,他们却发展出了完全不同的知识形式。中国的星占学就是要通过了解天象的变化来规定和预测地上人事的变化。特别值得注意的是,中国历史上的大天文学家们都是官方天文学家,天文学家都是官员,都是政府高官,部级干部。为什么呢?因为他直接为皇家的一举一动服务。皇帝什么时候起床啊,什么时候该打猎啊,什么时候该种田啊，什么时辰登基，什么日子结婚……都要看看天上的事情。这样的天学，关于天象的知识，是属于礼文化的一部分，而这个礼归根结底，是要表达中国人的仁：要顺应天时。希腊人呢？一开始就不是为了什么实际的用途。希腊不是一个农业民族，也不需要用来编制历法、指导种田，也不是用来算命，是要研究那个规律，研究行星为什么会有这样的运行方式。为什么他们要研究这个没有什么实际用途的东西呢？那是因为，希腊人认为，这样的研究属于最高尚的人性，研究纯粹问题的人是最高尚的。我们都知道欧几里得是演绎几何的集大成者。一个学生跟他学习，学了几天问他：学完几何能不能挣钱啊？欧几里得勃然大怒，认为这是对他的侮辱，把他赶走了，说"给你两块钱你走吧"。为什么呢？因为你怀疑我的学问的纯粹性相当于怀疑我人本身有问题，就像我们中国人怀疑你这个人不懂"礼"一样。希腊的数理天文学是近代科学的真正始祖，我们今天所谓的古典科学都是从数理天文学这条线上下来的。它一方面要观察，一方面要整合自然规律。

刚才我们讲到科学理性的第一个方面是内在性，第二个方面是合目的性。这两个方面都可以归结为自由引导的结果。"自由"是什么意思？就是由自嘛，由着自己内在的逻辑来发展叫自由嘛。合目的性是什么意思呢？自由从来也不是想干什么就干什么，这个维度对于我们中国人是很陌生的。西方思想史上的自由向来规定着一种目的性，有价值问题的，那就是：自由是它的最高价值。这个自由作为最高价值就是目的性本身。自由从来不是手段，从来都是最高目的。裴多菲不是有一句诗吗？是说："生命诚可贵，爱情价更高。若为自由故，二者皆可抛。"也就是他认为自由是最高的价值，它是比生命和爱情更高的价值。为什么呢？因为生命的意义，爱情的价值，都是自由引导的结果。没有自由，生命是没有意义的，没有自由，爱情也是没有根据的。

好了，我们看看希腊的大师们是怎么说的。他们说只有理性的人才是自由的人，这是希腊人开辟的一个很重要的思路。亚里士多德有句话说："我们应该尽一切可能使自己升华到永生的境界，使自己无愧于我们身上存在的最优秀的品质而生活。对于人来说，这就是以理性为根据的生活，因为它才使人成为人。"这里一语道破天机，西方的人文，说一千道一万，就是因为它以理性作为它的最高原则。

希腊的科学首先是内在的，希腊人的天才创造中间有一样即逻辑演绎推理的科学。希腊人有 geo-metry，我们知道 geo 是地，metry 是测量，geo-metry 本来是测地术。测地术变成几何学是希腊人天才的创造。泰勒斯跑到埃及去留学。埃及的尼罗河定期泛滥，每泛滥一次，田地就需要重新划定，所以测地术比较发达。但是泰勒斯学完测地术后，回来把它变成了几何学。他把证明问题作为科学的首要问题。

希腊科学的第二个特征是它的非实用、非功利的特征。为求知而求知，为学问而学问，为科学而科学，这些东西我们过去是批判的。为什么批判呢？根本原因也是因为我们中国的主流文化中本身就缺乏这根弦，我们不大懂得无用之用是什么意思。

希腊科学的第三个特点就是刚才讲到的目的性，也就是最终会指向意义问题，它要指向善。柏拉图讲最高的学问不是数学，数学当然已经表达了某些自由的特征。它是演绎的、逻辑的、推理的，也是非实用的、非功利的。但是数学还不是最高的学问，为什么？在数学之上还有一个学问叫做辩证法，不是我们今天的这个辩证法，是关于善的学问。数学是通向善的。我们可以举怀特海，20世纪前半叶一个很重要的数学家和哲学家，他就认为自己的毕生总结是一篇论文叫《数学与善》。我第一次听到这个说法挺奇怪的，数学和善有什么关系呢？照我们看来，数学嘛研究一些纯粹的演绎推理，善嘛是道德问题啊，道德和数学有什么关系？其实这正是我们现代人的一个悲剧，因为我们今天的理性是分裂的理性，我们居然不能理解数学与善的内在一致性。怀特海敏锐地发现，数学和善的追求本质上是一样的，它们追求的是同样一件东西，即理性的完善。怀特海一辈子写了很多书，有哲学的，有数学的，但是他认为这篇文章是他的代表作，因为这篇文章强调了数学和善的最终合一性，所以有人说怀特海是希腊精神的正宗传人，是柏拉图主义的正宗传人。实际上，怀特海的思想和刚才讲的胡塞尔的思想是一致的。

这种希腊的科学精神通过什么方式传到近代的呢？我们以前认为经院哲学专讲基督教教义啊，不讲道理啊。这个看法是错误的。基督教哲学分为前后两期，早期的教父哲学是不怎么讲道理的，把信仰放得很高，所以有人甚至很极端地说，正因为荒谬我才相信，不怎么讲理。但是后期的经院哲学不一样了，它把亚里士多德的思想整合进基督教的教义，形成了所谓的经院哲学。这个经院哲学是很重视逻辑演绎推理，很重视讲道理，很重视理性的。当然，希腊那种较真儿的讲理，与基督教有时也会有些冲突。我们刚才谈到为什么要守孝三年的问题，数字三怎么出来的？上帝这里也有这个问题，你追问多了，最后也会有问题。比如圣父圣灵圣子究竟是一个东西还是三个东西，这是基督教哲学里面一个很麻烦的问题了。还有比如说，耶稣拿一条鱼所有人都吃饱了，什么手一挥把那个河水都挡住了，人就可以从河底下走过去，这些个奇迹当然是理性难以解决的。当然经院哲学为此有很多妥协的方式。但是，总的来看，经院哲学的出现标志着希腊精神对基督教的融合。相比之下，回教就没有出现类似的经院哲学。本来它也是有机会的。公元10世纪左右的时候，当时的希腊文献全部给翻译出来了，都翻译给了阿拉伯世界。当时他们出现了两位哲学家，一位是阿维罗意，一位是阿维森那，这两位哲学家本来是想把希腊精神整合到回教里去，但是他们的回教首领，他们的哈里发说了这么一句话：上帝命令为那些单凭理性就能导致真理的人备好了地狱的烈火。这样一来，回教的经院哲学就没有出现，回教依然是他的原教旨那套东西，没有整合到希腊理性里来。怀特海说过：在现代科学理论还没有发展以前人们就相信科学是可能的，这样一个信念是不知不觉地从中世纪神学中导引出来的。也就是说，中世纪的神学成了帮助希腊精神传到近代的一个最重要的手段。他还说，就算伽利略吧，这位近代科学的始祖，他那个条理清晰的和分析入微的头脑便是从亚里士多德那里学来的。所以我们说，现代科学不是突然冒出来的，不是雅典娜从宙斯的头里突然冒出来的，它是有它的一个源远流长的背景。

近代西方的人文传统

下面我们讲一讲近代西方的人文传统。先要讨论一个词，Humanism。Humanism这个词很不好翻译，在座的同学当然不知道，20世纪80年代关于这个词还引起了一场很大的风波。目前有两种比较常见的翻法，一个是人文主义，强调人的教养，人的全面发展，代表文艺复兴时期的一个重要思潮。还有一个译法是人道主义，讲仁慈啊博爱啊，讲一些伦理原则。比如俘虏不要杀死，阶级敌人也不能残害肉体，死刑犯要让他尊严地死去等。人道主义的这种含义更类似Humanitarianism，实际上这个词来自于刚才讲到的希腊文philanthropia，讲的就是博爱这方面的意思。我觉得，这两种译法还没有把Humanism这个词里面蕴含的更深的意思体现出来。人道主义过分偏于伦理，人文主义偏于文史哲的学科性质。作为哲学意义上的Humanism表现在哪里呢？我考虑一个译法叫做唯人主义。我们讲materialism可以翻译成唯物主义，idealism翻成唯心主义，那么我们Humanism也仿造一下翻译成唯人主义。这样一翻它的意思就非常明显了，什么意思呢？近代以后，人开始成为最高的价值元点，成为世界的中心。这个词在这个意思上类似于anthropocentrism，就是人类中心主义。Humanism的一个重要的哲学意义就是人类中心主义。

好，我们要追问的是，唯人主义在什么意义上实现了欧洲人——希腊人的自由理想？我们说既然umanities是用来表达humanity的，而humanity是自由，那么，这个Humanism在什么意义上表达了自由？这是我们今天追问的一个问题，也是当代的欧洲思想家不断追问的问题：当代的人文主义或唯人主义在什么意义上实现了欧洲的理想人性？唯人主义一方面当然是表达自由的，它把人放在中心位置，世界开始成为我们眼中的世界。当然，"我们"眼中的世界不是我们每个人眼中的世界，而是一个大写的人的眼中的世界。这个大写的人的出现使得Humanism成为可能。今天我们每个人都依赖大写的人，我们每个小写的人都很渺小。灯突然一灭，水突然一停，交通突然一断，我们这个城市就成了一个臭烘烘的城市了，就没有办法了。大写的人不发挥作用的话，小写的人没有办法，把一群城市的人引到荒野上去，他们的求生能力是很差的。因为我们依赖大写的人，因为这个大写的人开始成为世界的中心，世界开始成为大写的人的眼中的世界，这个世界呢开始丧失了它的独特性。过去我们讲一棵植物、一棵树、一个动物都是神圣不可侵犯的，少数民族有神山等说法。今天神是没有了，每一个东西之间神圣的联系没有了，世界变得有如薄纸一样没有厚度。我们知道从近代西方以后，定点透视取代散点透视，是艺术史上一个很重要的变革。定点透视意味着，世界就是"我"眼中的世界。从前的画都是散点透视的，坐飞机式的空中鸟瞰，《清明上河图》就是这样的，一个很长的画卷，是空中鸟瞰出来的。定点透视标志着主体性的诞生。自从主体性掌握了近代世界以来，世界本身便成为意义中性的了。不是经常有人问，地球本身有意义吗？地球不就是我们能源仓库吗？不就是我们的垃圾填埋场吗？本身还有什么价值？

唯人主义使得世界与人的关系成了效用关系，所以效用的逻辑成为我们今天最重要的逻辑，但是请注意，效用的关系从来也不是一种自由的关系。什么叫自由啊？一个孩子坐在水边，往水里丢了块石头，看见石头在水里荡起了一层层的涟漪，他心里生出一种欣喜的心情，这是审美。审美是什么？审美是非功利的，这个孩子从丢石头这个动作里面没有得到任何现实的利益，他也不是想得到什么，他就是觉得这样很好，很美。我们知道，希腊人发明了欧氏几何是一大贡献，按我的理解他们还有一大发明，就是这个奥林匹克运动会。奥林匹克运动会英文是 Olympic Game，我第一次学英文的时候觉得这个 Game 有点奇怪，觉得奥运会怎么能翻成 Game？Game 不就是玩吗？游戏吗？可我们今天的奥运会怎么是游戏呢？那可是你死我活的拼杀呀，为了获奖牌甚至可以把对手杀死。有这样的事情，我记得有位美国滑冰运动员就被杀了嘛。这件事情说明，今天的奥林匹克运动会已经不是希腊意义上的奥运会了，希腊人那种非功利的，那样一种表达自由的

Game，事实上已经没有了。奥运会是希腊人的存在方式，因为奥运会甚至成了他们的纪年体系，比如说某某人生于第23届奥运会的第二年，就这么纪年。你想一个民族能以游戏的方式成为他们存在的基本方式，当然他们对人与世界之间那种自由的关系的把握一定是很贴切的。我们今天效用的关系构不成自由的关系。黑格尔讲"主奴"辩证法，实际上揭示了主人和奴仆之间不可能有的自由关系。当然你可以说我可以随便支使他干什么，但是你们两人之间永远不可能有内在的交流。自由的关系必须是内在性的关系。从这个意义上说，唯人主义在今天受到越来越多的指责，越来越多的反思。这点，下面我们还要结合唯科学主义来谈。

近代西方的科学传统

近代西方科学我们要举两个人，一个叫笛卡尔，一个叫培根。我们要问的是近代科学从什么意义上能够称为科学？在什么意义上继承了希腊人的科学理想因而能够成为科学。第二个我们要问的是它作为近代科学有什么新的特征？笛卡尔有一句名言叫"我思故我在"，培根也有一句名言叫做"知识就是力量"。这两句名言里包含着近代以来一种全新的科学理念。笛卡尔讲"我思故我在"，当然是把思放在很重要的位置，从某种意义上说他是继承了希腊人的理性传统。但是"我"出来了，主体性出来了。我们刚才讲到唯人主义，其实唯人主义它不是空穴来风的。笛卡尔的这句话是一个证据。谁思？"我"思，这个"我"当然不是笛卡尔本人了，是大我。

培根这句话又给出了一个新的维度，知识就是力量就是说科学就是力量嘛。什么意思呢？近代科学是一种力量型的科学。希腊科学不是力量型的，而是沉思型的，通过思与世界建立一种共通性。

笛卡尔的"我思故我在"是近代科学理性化的一面旗帜。"我思"说的就是理性的奠基啊，就是要把一切的一切奠定在理性的基础之上，他要把一切的一切全部囊括到"我思"这儿来，他把"我思"作为基础。大家要注意，今天的自然科学之所以成为可能，是因为我们经历了一个所谓的自然的数学化运动。自然的数学化保证了我们今天对于自然界的观测都是可行有效的，但是数学化是什么？数学化为什么能成为自然构造的一个基本因素呢？是因为我思已经先行了，先行的做了理性奠定。我们这个世界的本质也就是思，连"我在"也是通过我思来得到论证的。现代科学只有充分地数学化才能有资格称为科学，那是为什么呢？那是因为自然界本质上是数学化的，你只有通过数学化的方式才能把秘密勾出来。

自然界的数学化本质上是理性化过程的一部分。除了自然的数学化外，还有研究的方法论化，科学研究的分层分科化。笛卡尔也开创了科学的方法论化，并把方法论变成哲学研究的一个重要主题。笛卡尔有本名著叫《方法谈》，他把方法问题作为哲学的最高问题来谈，这是为什么？理性化分为三步走。第一步是对象的理性化，也就是自然的数学化；第二步是研究过程的理性化，也就是研究的方法论化；第三步是研究建制或社会建制的理性化，也就是分层分科化。什么叫方法论？方法论的意思就是说有了这个方法你就一通百通了。我们经常说要授人以渔而不授人以鱼,那个渔就是方法,你知道方法了就可以事半功倍,不知道方法你是事倍功半。所谓研究的方法论化,就是使整个研究变得编程化、程序化。

至于科学研究的分层分科化,性质也类似。每个人不要什么都做,分门别类你做一点我做一点,越做越专越做越深。那么总起来看,一个社会就构成了一个强大的理性之网。研究的分门别类、专业化分科化是理性的内在要求。有些同学学管理,有些学营销学,都是在学习理性化的组织过程。理性化的组织为了什么?它的目标就是要高效率,高效率是我们为什么要采取理性化的一个最终的目标。

在笛卡尔所开创的近代的合理化的科学范式里,有四个特征。有位科学社会学家叫默顿,他把科学的精神气质总结为四条。第一个是普遍性,不能说在中国做的实验美国不管用,那不行,哪儿做都管用;第二个是公有性,科学不是少数人的事情,它为全人类所公有;第三个是无私利性,你不能说我这个科学只能为少数人谋福利,那不对的;再就是有条理的怀疑主义。我们会看到默顿总结的这四条精神气质,没有一条不是和自由贯通在一起的。

下面我们说说培根。培根在他的《新工具》里讲得非常清楚,他说希腊人呢都是小孩儿,玩些游戏,不管用。希腊人当然对自己的生活要求不高了。希腊人生活的地方是海边,气温也比较宜人,所以穿衣服也比较简单,拿块布一披也就差不多了。吃的东西也

女王和宫廷成员听笛卡尔(女王左手边)讲课

不怎么讲究。他们认为最高级的事情应该是思想,所以他们练出来高超的辩才。他们对于纯粹理性的爱好为人类留下了重要的精神财富。但培根说这个不行,希腊人有问题,他说科学应当增进人类的物质福利,这是他为近代科学吹响的第一声号角。当他讲知识就是力量的时候,讲的就是科学应当为人类造福。他还有句话,他说欲征服自然必服从自然,那怎么服从自然呢?要服从自然你必须知道自然下一步要做什么,也就是说,要服从自然必先有效地预测自然,所以在培根的这句话后,蕴含一个非常深的意思,就是预测成为近代科学的重要理想。一门学科没有预测作用那不是科学,至少不是近代意义上的科学。近代意义上的科学强调预测,为什么强调预测?因为只有预测才能服从它,只有服从它才能征服它。所以预测的目的最终服务于征服自然的理想。

表面看来,笛卡尔与培根之间是有冲突的。笛卡尔强调理性,培根强调经验,他们开启了西方哲学后来的两个思路,一个理性论,一个经验论。唯理论与经验论之间的争论一直是持续着的,而且以各种各样的方式在当代科学哲学中发挥着作用。一门科学能不能被承认是一种科学,爱因斯坦认为有两个条件,一个叫内在的完备,一个叫外在的证实。外在的证实强调的是经验,内部的完备讲的就是逻辑理性。类似的,重视数学的有理论科学家,重视实验的有实验科学家,重视演绎的有演绎主义者,重视归纳的有经验论者。但是我们注意到,爱因斯坦尽管强调内部的完备和外部的证实都很重要,但他本人显然是一个理性论者。我们很多科学史家总是讲狭义相对论，是建立在迈克尔逊-莫雷实验基础之上，这个实验讲的是光的速度在地球运行方向上和垂直方向上速度有没有差异，这个差异本来是麦克斯韦的电动力学所预言的。可是迈克尔逊-莫雷的实验得出的却是零结果。很多人认为正是这个实验导致狭义相对论，可是在爱因斯坦晚年的时候，有位科学史家问他，你在写那个1905年狭义相对论论文的时候，你知道不知道迈克尔逊-莫雷实验，它对你有没有影响？爱因斯坦明确地说："我不记得有这么一回事。"还有一个故事也是讲爱因斯坦的。爱因斯坦广义相对论预言说光线经过太阳是可以偏转的，但要验证不大容易，因为太阳太亮了。但是日全食的时候是个机会，当月球把太阳全部挡住的时候可以检验能不能看到太阳后面的星光。结果呢，爱丁顿率领着考察团，去南非看日食，真的看见了。这样一来可不得了了，这么古怪的预言居然都能验证啊，光线还能弯着。爱丁顿的消息传来之后，爱因斯坦在上课。学生就问他："爱丁顿验证了你的预言，你有什么感想啊？"爱因斯坦说我早就知道我是对的。又有一个学生问，万一爱丁顿没有发现这个偏差呢？爱因斯坦想了想说，那我还是对的。为什么呢？他相信他的内部的完备，他不在乎外部的证实。这就是笛卡尔传统的一个典型例证。在这根线上还有很多人。笛卡尔的唯理论强调的是一种内在的判断，强调的是一种内在的逻辑。

内在传统与外在传统的冲突还表现在，自由探索的原则那样一种只管内在的逻辑完备的原则，会越来越与力量型的学问相冲突。科学越来越深地卷入军事和商业，使自由的探究面临困难。比如核武器的研制，依赖原子物理学的成就，原子物理学的每次进展都会影响核武器的研制。当时有些有良心的物理学家很忧虑，怕法西斯德国率先造出原子弹，希望物理学家先不要发表自己的研究成果。这在当时引起了很大的争论。自由发表的原则是近代最重要的科学原则，这里面不光牵涉到优先权的问题，也牵涉到科学内在的自由精神。当时的科学家们很难办，不突破这个自由的原则可能要冒险，要冒德国人首先造出核武器的危险。后来没办法，有些物理学家只好主动地自我检查，凡是有可能泄露原子物理学最新研究进展的先就不发表。商业上这种情况更严重。今天的很多生物工程由于深深地卷入商业运作，完全破坏了无私利的原则。基因图谱的勘测都要注册专利，那它怎么能为全人类服务呢？但是你也要考虑到，今天的科学已经是属于力量型的学问，因而也要服从力量的逻辑。为了达到预测和征服的目标你就必须投资，而按照商业的原则，谁投资谁获益，所以专利制度是为了保护这个原则的。所以说，今天科学越来越多地卷入军事和商业，它就很难不破坏自由探索的原则，这是我们今天遇到的一个最大的问题。

尽管笛卡尔和培根传统之间有冲突，但是也有融合之处。按照我的理解，这种融合就表现在力量与理性合二为一，形成了所谓的技术理性。这个技术理性是什么意思呢？它来源于人的权力意志，尼采讲过的。自近代以来，这个大写的人被立定在世界的中心之后，当世界都在围绕着这个人转的时候，这样一场哥白尼式的革命之后，这个人的强力意志就开始支配着这个世界的一切。他想干什么就要干什么。这个在过去是很难想象的。过去我们都过着一种有限的生活，许多事情不能做，许多事情无法做。有许多敬畏，许多禁忌。不能冒犯上天，不能冒犯神灵，不能冒犯祖宗，很多不能。但是近代以后这些东西没有了，争取强力的意志倒是四处播洒。由于来源于人的权力意志，今天的科学必定服务于力量的要求。有效没效，有用没用，管用不管用，多大效力，这是我们今天评价科学的最高标准。力量才是成为今天科学的内在逻辑。技术理性来源于权力意志，这是第一点。

第二点，技术理性是对希腊理性的一种无限扩张。近代理性和希腊理性最重要的一点区别是，希腊理性是有限理性，今天的理性是无限理性，允诺的是一种无限的可能性。希腊人很害怕无限，无限就是无规定嘛，无规定那就没法有理性了，所以希腊人呢很不喜欢无限。他们的宇宙是有限的。我们知道欧几里得几何里有个平行公设，这个公设预示了某种无限性，因此希腊人对此很不舒服，他们尽量不用这个公设来证明定理，这一点是非常有意思的。他觉得无限的东西有问题，他们恐惧无限。但是近代人却是欢欣鼓舞地迎接无限。昨天说到我们生活在一个无限的时代。无限的时代允诺一种无限的可能性。既然宇宙是无限的，那当然不能只有地球上有人，宇宙这么大，怎么能设想只有地球上有人？所以外星人就成为无限宇宙中一个合理合法的推测，我们今天谈论外星人不是开玩笑，是有逻辑根据的。还有，由于宇宙是无限的，我们也不怎么珍惜我们的地球了。地球嘛，就不再是个"地"了，也是天体一个，无限个数的天体中的一个。过去的有限性建立在天地之间严格的区分之上。什么上天入地，什么顶天立地，都建立在天地之别之上。人生活在天地之间，脚不能离开大地，头不能离开天，这是我们作为人的一个基本的意象。孔子讲人生也直，这个直就是顶天立地。但是今天天地没有了，地是什么？地球就是太阳系里的行星三号嘛。地球是个天体，地就是天。这句话表面上看是自相矛盾，就像说一个非常热的冰块，一个木制的铁器，一个圆的方，但这个矛盾可能只是字面上的，因为这种矛盾只在天地有别的情况下才成立。现在地球仅仅是一个行星三号，对人来讲也就是个宇宙飞船。我们人类不见得永远住在这儿，所以原则上地球是可以随便糟蹋的，能源用光了，垃圾扔这儿我们就走，我们可以再换一个宇宙飞船，所以星际移民也好，太空旅游也好，都是合乎这个时代的逻辑的。

但是我们要注意，希腊理性向来不是这样的，它首先服务于善的要求，不是服务于力量的要求。希腊理性允诺一种有限的可能性，它向来不认为你可以无限地走下去，神灵世界你是达不到的。有东西在限制着你。我们今天当然是大无畏的革命精神，是什么都不怕，无所畏。我们怕什么呀？没有什么让我们敬、让我们畏的。世界已经去魅了，世界上到处都一样，都是无关生命和价值的东西。过去你碰了一下神器，你自己害怕得要死。我小时候听说，祖坟山上的树一棵都不能砍，在那儿也不能有任何不敬的行为，什么大小便的事情那是不能干的，干了这些不敬的事情，很多人奇怪地死去。我相信也许有这样的现象，按照我们现在的解释，他心理压力太大最后郁郁而死，也是有可能的。

但是我们今天的技术理性服务于力量的意志，允诺无限的可能性，它的结果是什么呢？力量和控制必然要求预测的有效性。刚才我们讲了有用、有效、有本事，为什么近代科学把预测的有效性作为自己的最高目标，这点并不是必然的，古代也有科学啊，欧几里得不是科学大师吗？别人问他科学有什么用，他把人家赶走了。我们中国也有啊，我们中国当然不是这个意义上的科学了。近代的科学怎么出来的？为什么以这样的标准来衡量我们的科学？原因就是求力意志和控制论。力量和控制构成了我们时代精神的精华，他要求预测的有效性。因此自然的数学化才出来了。自然为什么要数学化？自然本来是展现在我们面前栩栩如生的一个活的东西，颜色的变化，气味的芬芳，悦耳的声音，林间的鸟鸣声，小草上的露珠，每一个都充满了意义。可是今天不一样了，我们把它们全部数学化了。什么露珠啊不就是水经过三态的变化，什么声音都是声波不同的波长，什么芬芳不芬芳都是不同的化学分子飞来飞去嘛。为什么把它数学化呢？因为我们要控制它。我们有时候不需要露水，要想法子把它去掉，有时候又需要很多露水，要把它收集起来，露水不是据说可以养人吗？我们开发一个露水有限公司，天然的露水不够，我们就在实验室里制作。我们与露水之间的关系改变了，我们看待它、对待它的方式当然也就变了。在露水公司经理眼中的露水,可跟步行在羊肠小道上牧童眼中的露水不一样了。昨天我们讲到,近代以后自然的数学化导致了一个纯量的世界。这个桌子是没有的,哪里有什么桌子,不就是一堆原子嘛。这时候我一拍又疼,是因为原子在撞啊,撞了以后调动了神经等。原子则遵从一种数学的规则。近代以后对规则的强调,对计算的强调,对数学的强调到了一个空前的地步。

无限的可能性必然导致无限的数学。我们知道希腊数学是有限数学,所谓的欧氏空间啊那是近代人发明的,19世纪才有欧氏空间的问题,欧氏空间是19世纪的发明。欧几里得本人并没有一个无限的平直的三维空间的概念,你看看那个《几何原本》里头,它都是有限的。什么是线,就是两点之间连起来的东西,实际上是线段,没有直线的概念。面就是边上一围,实际上是一个有限的面。欧氏空间实际上是19世纪非欧几何出来以后,才同时被命名出来的。希腊人没有这个无限的数学。大家注意到,近代物理学真正的奠基者牛顿同时也是无限数学的创始者。微积分是牛顿发明的,而微积分正是近代意义上的无限数学。而且,牛顿的微积分的发明直接服务于他的牛顿力学的建立。大家知道,牛顿早在他年轻的时候就在想这个万有引力问题,就在想苹果落地而月亮却不落地的问题。牛顿当时其实想得差不多了,什么平方反比律都想出来了,但他不敢发表。为什么不敢发表?他有一个重要的问题没解决,那就是一个球体对球外一点的引力怎么算的问题。在座的都学过高等数学,都知道用微积分一算就算出来了。用微

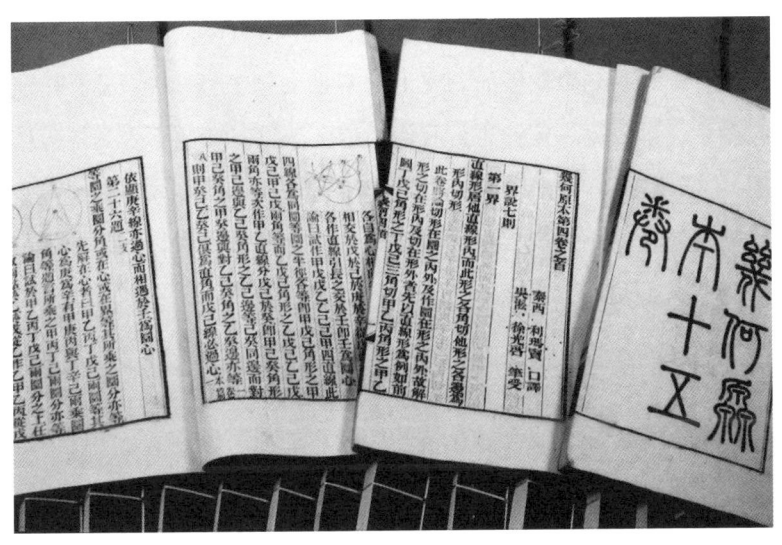

利马窦、徐光启合译的希腊数学名著《几何原本》

积分可以证明，一个均匀的球体对外面一点的引力，等效于所有的质量全都集中在球心上的质点的引力。由于这一点牛顿一直没有证明出来，所以他就不敢发表他的万有引力定律。只有等他的微积分发明以后他才能公布他的万有引力定律。所以从科学史上来看，无限的数学确实在服务于无限的力学。大家知道，牛顿力学第一定律讲什么，讲的是一个在运动的东西如果不碰它，它将永远运行下去。这个在古希腊是不可以想象的，因为你老走下去就需要一个无限的空间了。可是希腊那个时候宇宙是有限的，走不下去。所以只有打碎了希腊的天球之后，只有你展开了一个无限的空间之后,你才有可能让牛顿第一定律出现。所以我们可以说,牛顿第一定律在任何意义上都不是来自于经验的,没有任何人看到过牛顿第一定律告诉我们的现象。没有东西不受到外力作用,你永远找不到不受到外力的作用的东西。所以说,牛顿第一定律首先是一种世界构造,而不是观测世界的结果。有了牛顿第一定律我们就可以构造一个宇宙,这个宇宙是无限的、平直的。大家注意空间的概念古代是没有的,希腊人没有space这个词,但希腊人有sky(天空),有heaven(天堂),但是没有space。space是个近代的概念。昨天我们讲航空和航天的区别的时候,航空讲的是sky,是这个大气层之内的;航天讲的是space,那是古代不可设想的。没有哥白尼革命,人类的劲儿再大,也是不会往那方面使的。昨天我还讲到,航空事业也是由强力意志作为支撑,没有这个求力意志,人类伟大的智力活动,伟大的体力活动,就不会往这个方向发展。希腊人有劲没有?有劲,玩那个奥林匹克去了。希腊人的智力高不高超啊,高超啊,他不走你今天的这个脑子。欧洲的航空事业在18世纪末期,就是做滑翔机啊,风靡一时,就像我们今天的发烧友攒计算机似的。很多人去玩那个滑翔机,当然由于那些人不懂得空气动力学,所以航空技术进步比较缓慢。但是我们要注意到,滑翔机所用的那些材料并不是新鲜的,无非就是帆布啊木板这些东西,古代也有的,可古代就是没有人干这个事儿。也就是说,时代精神规定了你要把你的力量用在什么地方。这是一个人类自认为有力量的时代,这是一个人类自认为可以为所欲为的时代，所以他敢于玩上天的游戏。航天也是一样的，没有哥白尼革命你怎么可能有 space 的概念呢？你怎么还能够设想有天呢？还有什么大气层之外？都不知道的。古希腊人认为天嘛，月亮以下是一块地方，月亮以上又是另外一块地方，上面每一个行星都嵌在一个水晶天球上。天体本身是走不动的，是它所在的球带着它转。所以哥白尼那本书不能翻译成《天体运行论》，应该翻成《论天球的旋转》，或者《天球运动论》。今天我们把它译成《天体运行论》，是用我们今天的眼光来看问题。今天我们不承认有天球，所以就说是天体在转，但这是一种非历史的眼光。天球一个套一个，哪里有什么无限的虚空空间。

从这个角度看，笛卡尔传统和培根传统之间有一定的融合。力量的要求和控制的要求，集中在对数学化的要求上，这样，主张数学化的笛卡尔，与主张力量化的培根之间就通了。笛卡尔讲了数学和无限，培根讲了力量和控制，这四者之间是相互关联的，共同构成所谓的技术理性。

技术理性有许多表现。第一个是科技乐观主义。人们常说，有问题要靠科学来解决，由科学带来的问题也还是要靠科学自身来解决，反正科学发展是无止境的，所以人类的一切问题最终都是可以解决的。为什么人们敢于这样想呢？因为我们的时代精神允诺了这样的可能性。大家都很熟悉社会进步发展观，认为人类社会是一个由低级到高级，由野蛮到文明，由简单到精致、复杂这样一个发展过程。这种观点也基本上是乐观主义的。但是大家不要以为这个社会历史发展观是从来就有的，而是启蒙运动的产物。现代性也是启蒙运动的结果，它强调社会发展是一个线性上升的过程，科技的发展是这样一种螺旋式上升中最强劲的动力。所以，大家都相信有科技做后盾，我们什么都不怕，这就是科技乐观主义。

技术理性不仅是一种理性，而且是一种无限理性，所以还有一个表现，那就是"无禁区"的自由探索。理性有一种内在的逻辑，不受外部的制约。我们说科学无禁区，实际上是强调了理性的这个方面，强调了科学的非功利性。但是近代科学变成了力量型科学，无禁区的探索就会出问题。比如说克隆人，要不要搞？按照技术的逻辑，克隆人当然要搞了，凡是技术上可能的东西我们都要把它做出来。谁会忍受这样巨大的诱惑而不干呢？我离克隆技术的最高峰就差这么一步。人类是最高级的哺乳动物，所以克隆人是克隆技术的最高阶段，就差这么一步，就不搞了吗？这不符合技术的逻辑啊。所以，这是一个极为严峻的挑战。自由的精神在今天的力量型科学中产生了巨大的困惑。我认为很多有良心的科学家都觉得十分麻烦。核物理学家是非常典型的，他从事的学问是自由的学问，就是为了发现原子的秘密，结果就打开了潘多拉的盒子，结果核威胁成了今天全人类一个很大的包袱。如果这不是潘多拉的盒子，当然你为了好奇，为了求知，可以随便自由地打开。但是，今天科学家手上拿着的差不多都是潘多拉的盒子，一打开就有麻烦的。怎么办？

近代人文与科学的分裂与合一

我们来讲一讲近代人文与科学的分裂问题。表面上看有这么几点。第一点，科学与技术的学科日益分化，日益扩张，而人文学科的领地日见狭窄。过去我们都是学哲学的，哲学是万学之祖，而今天哲学在大学里是个小系科。但是你要注意，博士学位都还叫PHD，哲学博士，因为历史就这么叫。这个习惯叫法，反映了哲学的地盘在萎缩。第二点，学问普遍的科学化和功利化倾向，导致了社会科学的兴起，使人文学科地位进一步下降。社会科学和人文学科是不一样的，现在的社科也很牛，经济学自己设了诺贝尔奖，法学、政治学都很热，文史哲就差一些。第三点，培养专业人才的教育体制，人为地造成了科学与人文之间的疏远与隔绝。过去老说要培养专才，不要学那么多的东西，好好学你们的专业，要有专业思想，结果人为造成了疏远。应该讲过去半个世纪来，我们的教育体制有很大的弊病。我记得德国柏林工业大学在二战之后，被盟军强制改造成一个综合大学，要把人文精神引进来。但是不幸的是，我们国家与此差不多同时，把许多综合大学改造成各种专科的工业大学，这应该说是个失误。第四点，自然科学自诩的道德中立使得科学家们心安理得地拒绝人文关怀。英国皇家学会的学会章程里就说，我们不关注伦理道德这些东西，我们只讲事实。在科学界有一种潜意识，原子弹你让我造我就造，反正扔不扔我是管不着的，我只管造不管扔。反正谁扔谁负责。枪炮我都造，毒气室焚化炉我也可以造,只要我不亲自开毒气室那个开关,不按那个开关我就不负责任。究竟科学家应该不应该负责任,这是很大的一个问题。应该讲,在这四个层面上,近代的科学与人文是分裂的。

但是我们要看到在这个表面的分裂背后也有合流的地方。为什么会有这些分裂?很显然根源在专科化。为什么要专科化?因为科学的逻辑本身就要求专科化。你不是要效率吗?流水线被证明是有效率的,卓别林在《摩登时代》里表现的那个场景,那个流水线作业是有效率的,每个人都只做其中的一点点。过去的手工作坊一个人从头做到尾,手工艺品一辈子也做不了几个,现在这个流水线生产做得又快又好,精度很高。但是过去做事情,大家一块做,有说有笑地做,做得很愉快。工作本来就是社交活动。但今天,工作是工作,休息是休息,不能混在一起,这是高度理性化的劳动组织方式。专科化有利于效率,它其实也根源于技术理性,来自诉求效率和力量的科学本质。力量型的科学本质上要求一种分工型的科学和教育体制,只有理解型的科学才要求一种综合的领悟力。希腊理性要求的是一种综合的领悟力,它是理解型的科学,所以希腊时代人与自然之间本质上是一种领悟的关系,不是一种征服和支配的关系,所以他们的学问是纯粹的理性,是自由的学问。我们今天要求的是一种控制和力量型的学问,所以我们的时代,自由的问题开始模糊了。所以,刚才那些表面上的分裂,实际上显示了技术理性和唯人主义之间有一个合谋,它们共同构成了一种相信力量的乐观主义。

因为我们有技术理性，就有唯人主义，我们有唯人主义，就必定要采用技术理性。它们两个是相互确认相互加强。技术使人自命不凡，我们的技术保证我们挺立在地球的表面，傲视所有的物种。我们以前认为畜生也是个生命，要爱惜它，如今我们会说，爱惜什么？不行就杀了，然后换一个。这个物种不行，也可以改良它，基因改造等。我们是很不得了的，技术使人自命不凡。因此，对人的自我崇拜自然就转化为对技术的崇拜，相反也是一样的，对技术的崇拜自然就会产生对人的崇拜。但是这里边有个巨大的怪圈。对技术的崇拜我们就要求自然屈从于技术，我们改变了白天黑夜的节律，改变了日出而作、日落而息的节律。水果平时只有在收获季节才可以吃到，但现在我们可以一年四季都能吃到各种水果，通过大棚技术。所以自然的节律、自然的逻辑开始让位于技术的逻辑，让位于技术的节律，让位于人工的人造的世界的逻辑。这个人工的人造的世界实际上已经构成了我们的生活世界，自然的节律慢慢在退隐。但是，就在我们要求自然屈从于我们的技术的时候，就在我们蔑视自然以技术自傲的时候，我们同时也在要求作为自然一部分的我们自己屈从于技术。因为我们人类自己本质上是自然的一部分，这是你没法儿改变的，这是我们人类的悲剧性的命运。因此，当你要求自然屈从技术的时候，你同时也在要求人类屈从技术，这种屈从是什么，就是异化。所谓异化就是人类屈从于自己创造的东西。本来技术理性是用来加强唯人主义的，是用来加强人类的自我认同的，使人类自命不凡。但是，当我们把技术放到一个更高地位的时候，我们就发现它实际上在贬低人类自己。所以就出现这样的现象，技术发达了，人类却丧失了劳动的乐趣。刚才我们讲到流水线作业，卓别林演的那个角色因此而疯了。从前的劳动，首先是人性的外化，首先是表达自己的存在。劳动创造人本身，说的就是人类通过劳动获得自身的存在。但是在资本主义社会，也就是工业社会、近代社会，劳动是异化的，劳动不让人快乐，让人很烦，不舒服。劳动无乐趣可言，因此我们今天的劳动必定要辅之以休闲。休闲从而构成一个新产业，因为没有休闲劳动不下去。这也是理性化筹划的产物，因为休闲搞好了可以更好地劳动。除了劳动没有乐趣之外，技术发达了人类还丧失了劳动的权利。机器多了，就不要你人来干。机器又省钱，干得又好，所以机器导致技术失业。欧洲历史上有这样的事情，路德派捣毁机器就很有名。每一样新技术的出现必然会摧毁一个传统产业，那传统产业所携带的一套价值观念、价值体系顿时就灰飞烟灭了。还有科学发展了，人类却越来越不知道生命的意义和存在的意义。这里的问题当然更多，今天我们不能多讲。我们今天知道得越多，却感到越来越没意思。生命是什么？生物学家说是什么就是什么。可生物学家说的生命就是指实验室那些试管里的切片啊，就是一些分子啊，各种链啊。如果生命就是大分子的话，那我们活着的意义是什么？如果人终有一死的话，我们为什么非要活着而不是死了算了呢？存在是什么意思？活着与不活着之间究竟有什么区别？对这些个问题，科学发展之后人类反而更加困惑了。

弘扬科学精神

下面我们讲最后一个问题。迄今为止我们已经讲到，由于近代科学在某种意义上背离了或者是偏离了希腊人那样一种自由的精神，所以碰到了很多问题。这些问题现在还没有合适的解决方案，还在探讨之中。但是有一点很显然，正是自由精神的丧失使得科学将丧失原动力。我们经常感叹希腊人真是不得了，没有希腊人研究的那个圆锥曲线，开普勒如何才能发现行星运动的轨道。我们知道，椭圆、抛物线、双曲线都是所谓的圆锥曲线，希腊人阿波罗尼早就在研究，他大概是欧几里得的同时代人。他的研究当时看不出有什么用。自然界中也没有见过这样的玩意儿，没人见过椭圆抛物线这样的东西，但是他的成果帮助开普勒发现行星运动的轨道都是圆锥曲线。这就是自由科学的奥妙。自由的科学永远是张开一个广阔的空间，它是无用之大用。还可以举个非欧几何的例子。非欧几何认为过直线外一点可以做不出来平行线，或者可以做无穷多条平行线，这看起来怪不可思议的，但是不久就被爱因斯坦的广义相对论使用了。所以某些观念总是在先的，某些自由的理念总是先导性地引导着我们的科学发展。那样一些实用的科学，空间是很小的。科学满足了某项需要，这门学问就发展到头。我们中国古代聪明智慧的人当然很多，但是由于科学的实用特征，发展的空间就不大。皇宫建完了，皇宫的有些建造技术就失传了。比如故宫里的金砖，据说到现在也造不出来。因为这个技术是专门为皇家使用的，别人不能使用这个砖，所以就容易失传。一个实用理性或者实用主义的知识，不可能走得很远。

我们谈一谈弘扬科学精神的问题，我把它称为时代的最强音。今天不少人都在说弘扬科学精神。我的看法，弘扬科学精神基本上有两个思路。第一个思路，就是想把在科学研究领域中行之有效的科学方法推广到人类社会生活的一切领域。这是我们经常遇到的一个思路，这个思路实际上是把科学精神等同于科学方法，而且把科学方法普遍化，推而广之。但这个思路是有问题的，当然有它的合理之处。比如说，在我们中国人对科学方法普遍很陌生的情况下，大家讲一讲很好，但是把它作为一个普遍的思路或者唯一的思路是有问题的。问题在于科学的方法有没有普遍有效性。先不要说把科学的方法使用到非科学的领域，就是在科学领域，究竟有没有普遍有效的科学方法都是成问题的。20世纪最重要的一项科学哲学成就就是，认为不存在普遍有效的科学方法，所有的方法都是依赖于 context 的，所以出现了所谓的 contextualism，所谓境域主义，就是依赖于情境，依赖于场域。不同的情况适用于不同的方法，没有普遍有效的科学方法。如果说在科学发展的内部我们都不能说有一种普遍存在的科学方法，那么把科学研究领域中的某些方法推广到人类生活的一切领域，就更成问题了。按照我的定义，这就是科学主义。科学主义有很大的毛病。首先一个，它只强调了效率的方案，没有顾及别的方案。

刚才我们举了焚化炉和毒气室的例子，如何造得有效率是一个问题，你要不要造是另一个问题，科学主义用前一个问题掩盖了后一个问题。所以我说，效率的方案要服从伦理和人性的方案。单纯地讲科学方法的推广是有问题的，这里我引爱因斯坦的一句话，爱因斯坦的意思是说，你们光关心科学是不够的，要关心人，千万不要忘记这一点。还有，人类真正进步的取得依赖于发明创造的并不多，更多的是依赖像布兰戴斯这样的人的良知、良能。布兰戴斯是一位非常正直的大法官。爱因斯坦甚至认为，科学家在历史上并不是最重要的，他说："我们切莫忘记，仅凭知识和技巧并不能给人类生活带来幸福和尊严，人类完全有理由把高尚的道德标准和价值观的宣道士置于客观真理的发现者之上。在我看来释迦牟尼、摩西和耶稣对人类所做的贡献远远超过那些聪明才智之士所取得的一切成就。"这话听起来很反动啊。他居然认为这些宗教领袖比我们科学家都伟大，可是这话就是爱因斯坦本人说的。爱因斯坦当然是 20 世纪最伟大的科学家了，他却认为科学不是最重要的，最重要的是怎么样为人类造福，怎么样给人类带来尊严。

　　第一种思路强调了效率的方案，以科学方法代替科学精神，有问题。为了减少中国人口有没有好办法？有啊，在人口稠密地区放几颗原子弹不就行了嘛。那行不行？这当然太荒谬了。科学方法的有效性建立在一些存在论基础之上。比如，科学研究的对象必须是没有个性的，没有本质的区别，所以我们才能把它们量化，才能定量分析。这是保证科学方法有效性的一个基本前提。

但是这种本体论前提用在教育学上就有问题。我们讲教育要因材施教，我们是假定每个个体都不一样。当然我们目前的教育体制本质上还是一种科学的教育体制，都是大家坐在一起听啊，一起参加考试，都是标准化作业。因为没有办法，时代的要求，工厂是这么干的，你学校也必须这么干。工厂搞流水线，学校也是流水线；工厂有作息表，学校也有作息表。学校也就是培养未来的工程技术人员，都是技术员，都是熟练工人的培养者。不光是学工的如此，其他学科都一样。我以前不理解作息制度从哪里开始的，后来发现是从工厂开始的。所以，光讲科学方法是有问题的，还要注意它背后支撑着它的前提的限度。

现在我讲讲第二种思路。这个思路实际上很简单，我想引用我们中国科学界的老前辈竺可桢先生的一句话。他在20世纪30年代就探讨这个问题。他说，提倡科学不但要知道科学方法，还要认清科学的目标。他一开始就区别了方法和目标。目标是什么？目标就是探求真理。他说科学方法可以随时随地而改变，但是这个科学目标也就是蕲求真理追求科学的精神是永远不会改变的。那么怎么样弘扬科学精神呢？怎么样追求真理呢？竺可桢说，只问是非不计利害。这个说法当然需要做一些新的解释，但基本思路我是赞成的。今天我们过于急功近利，忘记了科学在本原处它所应有的最高力量，即那个自由的精神。所以，第二种思路的意思就是要再一次强调，弘扬科学精神首先要弘扬自由的精神，这个自由的精神就是科学的精神，而科学的精神本质上就是人文精神，就是西方的人文精神。我得强调，不是中国古代的人文精神。

在结束我们今天的讲座之前，我想讲一讲阿基米德的故事。我们知道，阿基米德是希腊化时期一个伟大的人物。希腊化时期和希腊古典时期不一样，它是把希腊的科学与东方的实用精神结合起来的一个时期。作为一个希腊化的科学家，阿基米德一方面是一位很高超的数学家，是希腊时期三大数学家之一，其他两个是阿波罗尼和欧几里得。但另一方面，阿基米德又是很神的，是古代世界罕见的力量型科学家。他用杠杆原理可以把一艘军舰拉起来，他利用光学的会聚原理可以将罗马人的军舰烧毁，他可以利用力学原理造出一种投石机，很有威力的。他还动手做了一个

阿基米德"镜子"火烧敌舰想象图

螺旋提水机，据说埃及人现在还在用呢。所以阿基米德既是一个力量型的学者，又是一个沉思型的学者。我们知道，阿基米德是因为沉思而被罗马人杀死的。罗马人攻打阿基米德的祖国时，阿基米德指挥全城人马对付罗马人。罗马人根本就没办法。他制造的投石机很有劲，一下子可以把石头投得很远。他做的那个大吊车把罗马的军舰都提起来了，让老人、妇女、儿童用反光镜把他们的军舰都烧掉了。所以当时罗马的统帅马塞拉斯说这场战争打什么呀？整个是我们一个军团和阿基米德一个人打。但是后来他那个城市内部有内奸，里应外合就把那个城市给攻破了。当时马塞拉斯下令不许伤害阿基米德，可惜这个命令还没有下到，城市就已经攻破了。一个士兵杀红了眼，跑到阿基米德的屋子里，他当时正在沙堆上运算一个数学题，罗马士兵拿着刀子进去了。"老头儿，"叫了他一声，"干什么的？"阿基米德沉思嘛，希腊人高尚的沉思行为，坐在那里还在想。罗马士兵一看不吭声，胆子那么大，上去一刀就要刺他。阿基米德说了一句话："不要踩坏我的圆。"他就在沙堆上被罗马人刺死了。阿基米德既有力量又会沉思，他在这两者之间保持一个平衡。今天，我们如果过分强调一个方面，就有可能损害科学的形象。

选自《反思科学讲演录》，吴国盛著，湖南科学技术出版社，2013年。

人类自在的天性
——关于科学与艺术之关系的一些思考

刘 兵 |

| 导读 |

刘兵,毕业于北京大学物理系、中国科学院研究生院,现为清华大学科学史系教授、博士生导师,在科学史、科学哲学、科学史编史学等方面有深入研究,著述甚勤,在科学传播、出版等领域有着广泛的影响力。

一

审美和求知是人类自在的天性,与生俱来。当童年的人类睁开惊奇的眼睛面对世界之时,对知识的习得和对美的感受是同步的。大自然是人类的生境,也是人类的遭遇。大自然既平淡浅近又神奇诡奥,温暖明媚和恐怖狰狞在大自然是一体的,而在人类却是难以化解的巨大谜团。为了生存,人类需要条分缕析地去认识和体察自然的细节——分工出现了。分工使科学和艺术异径而走,分工也分化了人类的心智,分化了审美和求知。于是,艺术在追求审美之中疏远了规律,科学在追求规律之中遮蔽了审美。

在科学认识与艺术创作的这种分化,或者说分离的背后,有着更加深刻的文化背景。20世纪50年代末,既是科学家,又是文学家和政府科技官员的英国学者斯诺(C. P. Snow),提出了关于科学文化和人文文化这"两种文化"以及其间之分裂的重要论点。其实,人们在传统中主要来自艺术中的对"美"的研究与追求,以及在对自然的认识和科学的发展中的对于"真"的追求,大致就分别属于这两种文化。斯诺在那本关于两种文化讨论的名著中,还提到了科学家阵营和人文学者阵营对各自文化颇为傲慢的良好感觉和对对方文化带有偏见的轻蔑。斯诺提到,那些人文学者会"嘲笑那些从来没有读过一本重要的英国文学作品的科学家太可怜。他们把这些科学家当作无知的专家来看待。然而,他们自己的无知和他们自己的专业化更令人吃惊。……有一两次,我被激怒了,并且问这些朋友,他们是否能够叙述一下热力学第二定律。反应是冷淡的,结果当然也是否定的。但我提出的问题,不过是相对于问一个科学家——'你读过莎士比亚吗'而已"。艺术与科学似乎真的在疏远。

但是,我们也看到,一方面,就在这种疏远和分离中,科学的探索与艺术、与审美也一直保持着千丝万缕的联系。另一方面,随着两种文化问题的提出,也随着人们的认识的不断升华,在20

世纪，越来越多的有识之士开始呼吁科学与艺术重新联姻，并身体力行地为之而努力。即使是更多地站在科学的立场上，我们也仍然能够看出这种发展的明显趋势。

2000年，一本名为《科学与艺术》的画册在中国出版，主编者就是著名的美籍华裔物理学家、诺贝尔物理学奖得主李政道先生。在序言中，李政道先生谈道："艺术和科学的共同基础是人类的创造力，它们追求的目标都是真理的普遍性。艺术，例如诗歌、绘画、音乐等，用创新的手法去唤起每个人的意识或潜意识中深藏着的、已经存在的情感……我们现在阅读莎士比亚的著作，或者观赏莎士比亚的戏剧，不论是原文或译文，也有着和几百年前的英国的读者和观众相似的情感共鸣。情感越珍贵，反响越普遍，跨越时空、社会的范围越广泛，就越优秀。"在这里，李政道先生也提到了莎士比亚，似乎并不是一种偶然的巧合。

李政道先生有一个形象的比喻："事实上如一个硬币的两面，科学和艺术源于人类活动最高尚的部分，都追求着深刻性、普遍性、永恒和富有意义。"这一比喻被人们广泛地引用。

早在李政道提出这一比喻的几十年前，另一位也是兼有科学与人文双重背景的外国学者，当代科学史的重要奠基人萨顿（G. Sarton）就曾提出了另一个比喻。他将分别对应于"真""善""美"的科学、宗教与艺术形象地比喻为一个金字塔的三个面，并认为：当人们站在塔的不同侧面的底部时，他们之间相距很远，但当他们爬到塔的高处时，他们之间的距离就近多了。在这种比喻中，顺理成章的推论不难想见,随着高度的不断上升,真、善、美将愈发接近,并在最高点达到理想的统一。

在这里,我们看到了关于科学与艺术之关系的形象的隐喻。从这种种隐喻出发,一个显而易见的结论就是,我们以往之所以认为科学文化与人文文化相距甚远,将自然、科学与美相分离,只是因为我们所站的位置高度不够。

那么,如何提高我们所站的高度,以便将科学与艺术、科学文化与人文文化结合起来呢?不同的学者提出不同的建议。例如,前面提到的那位科学史家萨顿,就认为科学史是连接科学文化与人文文化的有用的桥梁。但是,尤其就科学与艺术来说,更直接也更有效的结合,应该说是来自科学美学的研究。

二

在美学的领域中,关于美之本质的争论一直没有停止过,美学的研究者们至今仍未就此问题达成一致。但这种在理论上的争议几乎没有影响人类实际的审美活动,在人类对于自然和科学之美的感悟上也是如此。对于美的追求,对于美之鉴赏的追求,可以说是人类的天性之一。在像艺术之类的领域中,几乎从远古时代起,对美的追求就是最原初、最基本的目标;但在自然和科学的领域中,与艺术领域有所不同的是,需要有一个先决的条件,即对自然的认识要深入到一定的程度,科学的发展要达到一定完善的程度,对于自然之美和科学之美的领悟才成为可能,因此人们对这后两个领域中的美的认识要相对滞后一些。

说到科学与艺术，人们常举出文艺复兴时期达·芬奇的例子，说明在一个人身上两者可以完美地结合于一体。确实，科学与艺术的分离主要在文艺复兴运动之后，伴随着艺术与科学以各自特有的方式向着不同方向的深入发展而出现的。

不过，就在这种疏远和分离中，科学家们与艺术、与审美也一直保持着千丝万缕的联系。首先是，在那些最伟大的科学家身上，艺术的修养似乎从来就是一个天然的组成部分。在这里，我们可以几乎是相当任意地举出一些有代表性的例子。

20世纪最伟大的科学家爱因斯坦，除了以他的相对论的提出闻名于世，在世人眼里，他那一头乱发似乎更有着某种艺术家的气质，而他的小提琴演奏也更增加了传奇的色彩。

量子概念的提出者普朗克于1918年获诺贝尔物理学奖，而他的钢琴演奏也同样达到专业的水准，他甚至曾为一些歌曲和一部轻歌剧谱曲，他也曾与爱因斯坦等人一起在三重奏小组中合作。音乐的演奏不仅仅是普朗克在生活中放松和消遣的手段，更是他使精神不受约束的领地，对舒伯特、勃拉姆斯和巴赫的特殊喜爱也代表了他的艺术情趣。

德国物理学家玻恩除了在量子力学的发展中地位突出并获得诺贝尔奖，同样也是一位著名的钢琴演奏者，即使在与职业乐手合作的三重奏中也毫不逊色。

俄裔美籍物理学家伽莫夫是大爆炸理论和遗传密码的提出者

在普林斯顿,爱因斯坦和社区中的乐师一起排练小提琴

之一,他的漫画作品早在哥本哈根的求学时代就非常出名,后来在自己的科普著作中,自己绘制的插图也是惟妙惟肖。

1965年的诺贝尔物理学奖获得者美国科学明星费曼更加与众不同。他爱好玩鼓,达到很高的水平,一部只由他用鼓声伴奏的芭蕾舞最后竟赢得了美国全国舞蹈设计竞赛的大奖和在巴黎举行的世界舞蹈设计者竞赛的第二名;他学习绘画,最后能达到举办个人画展和售出所绘作品的程度。

如此等等,清单还可以很长地拉下去。虽然在常人心目中科学家们也许会被想象成为举止木讷的书呆子，但在那些科学大师身上，我们确实看到了艺术的光辉。

三

但是，科学家个人的艺术修养只是科学与艺术和谐共存的一个侧面。更重要的是，在科学家对自然的奥秘进行不懈探索的科学研究中，对美的追求同样起着根本性的作用。

翻开任何一本科学史著作，除去那些更久远的历史不说，首先引起人们格外关注的，是历史上人类思想文化的第一个高峰——古希腊的文明。科学的萌芽，也在这里出现。

例如，毕达哥拉斯，这位古希腊著名的数学家和哲学家，在他创立的学派中，将"数"看作是万物的本原，相信"哪里有数，哪里就有美"，基于对弦的长度与其音高之关系的研究，他们十分推崇以比例表现出来的"和谐"，认为各行星与地球的距离也一定符合于音乐的规律，才能奏出"天体的音乐"，出于一种唯美信念，认为球形是一切几何立体中最完善的形体，因而，天体和宇宙都应该是球形的。在所有的几何图形中，他们认为只有圆形才是最完美的，因而，高贵的天体只有绕着宇宙的中心作匀速圆周运动才是合理的。毕达哥拉斯学派的这种宇宙和谐的观念，对于后来天文学甚至其他自然科学学科的发展，一直具有深远的影响。正如一位当代的数学史家（克莱因）所评论的："他们并不忽视数学在美学上的意义。这学科在希腊时代被人珍视为一门艺术；他们

据说，毕达哥拉斯通过实验来探究音乐和数字间的关系

在其中认识到美、和谐、简单、明确以及秩序。""事实上，在希腊人的思想里，对合理的、美的乃至道德上的关心都是分不开的……无疑是由于这门学科在美学上的意义，才使得希腊数学家把有些项目探索到超出理解自然所必需的程度。"

柏拉图，这位大名鼎鼎的古希腊哲学家，也同样是基于对宇宙和谐完美的观念，设计出了同心球式的宇宙结构模型。柏拉图对毕达哥拉斯是极为尊崇的。他最明确地支持毕达哥拉斯的宇宙观，并鼓励别人也都这样做。他使这样的观念广为人知，即视在世界的无数各种形状的物体，实际上是由有限的几种理想的基本形状形成的。位于其哲学学说的中心位置的是这样几种形状：正圆形、正球形、正立方体、正四面体、正八面体、正十二面体和正二十面体。柏拉图的完美形体概念，加上借助于欧几里得几何学形成的严密的组织空间的自洽体系，又进而演化成为一样新的观念，即构筑成宇宙的这些理想形体，乃是代表着真、善与美。等再到了他的弟子亚里士多德手中，同心球的宇宙模型变成了像水晶球那样透明的实际存在的壳层，它们彼此相联，将彼此的运动相互传递。

此后，以托勒密的地心体系为代表的宇宙观流行开来，这个体系的基本出发点仍是要维护毕达哥拉斯和柏拉图的宇宙和谐观念，在其中，完美的圆仍然占据着中心的地位。为了说明天体复杂的运动，越来越多圆形的"本轮""均轮"被引入，虽然相当繁杂却基本满足了当时观测的要求。

在经过了一千来年漫长的中世纪之后，1543年，伟大的波兰天

> 基督教会认为地球是宇宙的中心,由上帝一手创造,其他行星不过是上帝用来点缀宇宙的装饰品。哥白尼根据多年观测和实验,大胆否定这种荒唐说法,指出太阳是宇宙的中心,地球只是太阳的一颗普通行星,和其他行星一起围绕太阳运转。由于担心教会的迫害,哥白尼直到临终前才将《天体运行论》书稿公布于世。

文学家哥白尼出版了划时代的巨著《天体运动论》,以全新的见解提出了其日心说体系,带来了一场宇宙观上的革命,在这个新理论中,源于古希腊毕达哥拉斯学派的宇宙和谐观念的影响同样深刻。其中基本假设大大减少,理论的和谐程度更高,计算上的简化和精确度也大为提高。所有这些特征,都充分地体现了科学之美。也正如哥白尼在这部巨著的开篇中所说的:"在哺育人的天赋才智的多种多样的文化与艺术研究中,我认为首先应该用全副精力来研究那些与最美的事物有关的东西。"

在哥白尼之后,天文学上最大的进展来自一位叫开普勒的德国年轻人。最开始,在1596年,开普勒在他的《宇宙的神秘》一书中,就为了实现对于天体之运动规律的和谐的美妙的数学表述,而提出一个以五种规则的多面体的组合来表示行星轨道的模型。后来,他有幸获得了丹麦天文学家第谷丰富的天文观测资料,经过多年精心的数学研究,找出了行星运动的三个定律。他打破了圆周运动是最完美的传统观念，提出行星以椭圆轨道运动，在更大范围内的和谐中，得出以数学比率表达的宇宙法则。开普勒就这样解开了天界之谜。与毕达哥拉斯一样，开普勒将形体的运动比作一道和声乐曲，甚至他研究工作本身也是从研究一首古老的名为《和谐的序曲》的乐曲受到启发，并通过他发现的行星运动定律表达了天体之音乐的主调。

除去那些科学发展早期的情形之外，当我们直接把目光投向20世纪时，在众多从事具体科学研究的杰出人物那里，我们同样经常可以看到有关体现在科学中的美的论述，以及对于自然界之美的论述。像这一点在物理学家当中表现得尤其突出，爱因斯坦、海森堡、狄拉克等等这样的科学大师就是其中的典型。量子力学的奠基者之一狄拉克曾指出，上帝用美妙的数学创造了世界，描述自然的基本规律的方程必须包含伟大的数学美，而这种数学的美对于科学家来说就像宗教一样。这也就是说，美对于发现真的重要意义在一切时代都得到承认和重视。因此，这些科学大师们所突出关注的，是在科学的理论中，以数学美的形式体现出来的理论之美，以及这种理论之美背后的自然之美。面对科学家们的体会，我们面对着一个深刻的问题：真与美的关系。除此之外，当代一些有眼光的数学家们也有类似的论述。

四

量子力学的创始人海森堡曾讲过："在过去若干世纪的进程中，科学和艺术都形成了人类的一种语言，我们可以用它来讨论现实中离我们比较远的那些基本成分。一组连贯的概念和各种不同的艺术风格，就是这种语言的不同单词和词组。"

确实，即使是站在科学的立场上，从认识的角度出发，我们也同样会看到审美的艺术与求真在创新性的认识过程中，是具有某种共性的。因而，我们也就会看到，同样是通过创新，在科学家对世界进行科学性描述之前，常常会有艺术家以自己的睿见用艺术的语言对类似的主题有所表述。几年前，一位醉心于探索科学与艺术之异同和相互影响的美国医生，就在其《艺术与物理学》一书中，站在科学的立足点上，通过物理学和绘画这样两个科学与艺术的典型代表之发展的几个例子来说明，在物理学家发现某种对世界进行思考的新方式之前，艺术家已经给社会提供了某种看视这个世界的新方式。

在《艺术与物理学》这本有趣的著作中，作者曾谈到，在从19世纪下半叶到20世纪初这一在艺术和物理学中都发生了重大革命的阶段，当物理学家们在以自己特有的方式思考和探索自然的同时，艺术家也在以某种既相似又不同的眼光在体验着世界。例如，马奈、莫奈和塞尚就是这样三位典型的画家。马奈最先使水平线这条直线变成弯曲的，莫奈令清晰的边界模糊起来，塞尚则让桌子的直缘出现位错。他们对传统的透视画法和不可侵犯的直线发起了攻击，从而使观者意识到，沿投影几何学线条展开的空间，并不是摹想空间的唯一方式。而人们一旦开始能用非欧几里得方式看视世界后，也就能开始用这一方式思维了。这三位画家通过形与色所展现的令人惊异的正确性，几乎是以艺术的方式预示了爱因斯坦后来对于相对论的发现。

此后,另外三个新的画派出现,也在其艺术表现中体现出了与物理学中进展的相似性。我们可以选择马蒂斯、毕加索和杜桑这三位分别代表着野兽画派、立体画派和未来画派这三个激进画派的画家。野兽派探索的是光色无穷无尽的表现,立体派展示的是对空间的新分析,未来派进行的则是将时间分割,将现在向过去和将来两个方向同时扩展。这与爱因斯坦狭义相对论中的观点有着惊人的类似。

至于再往后,在比利时超现实主义者马格里特那里,绘画几乎成了对于科学观念形象的艺术诠释。虽然他声称自己对新物理学没有兴趣,但在他的作品中,却提供了许多能帮助观者理解物理学概念而且比文字解释更有效的图像。在他的戏谑性杰作《温室》(1939年)中,几乎就是对于爱因斯坦的相对论的形象诠释。

当然,我们还可以举出像画家达利象征着时间的本性和意义的作品,以及艾舍尔巧妙地在透视原理上做文章的画面。对于后者,也已经有学者将其与巴赫的音乐和数学中的哥德尔定理联合起来讨论,将其用作物理学中对称性问题的象征。

五

也许,正像萨顿的隐喻所说的那样,当上升到了人类认识的金字塔的高处时,真与美确实统一了起来。探索自然之奥秘的科学家在研究中如果也采取艺术与美的标准的话,将有助于他们对自然界真理的发现。

其实,在中国古代的哲人那里,如果按照某种现代眼光来分析的话,我们似乎也可以发现类似的观念。《庄子·知北游》中有"天地有大美而不言"之说。当然,对此名句中之"大"与"美"的含义,各家有不同的解说。在这里,我们不妨在其字面含义的基础上作一延伸的理解:取"美"之通常的含义,取"大"之范围广、程度深的词意,更何况作为中国古代哲学的术语,"大"亦有与"道"相近同之义。在这种意义上,"天地"之"大美"既可包括天地造化自身之美,也应包括在人们对于天地之认识——也即科学——之中体现出来的美。尤其是,我们还可以注意到,《庄子》在"天地有大美而不言"之句后,尚有"四时有明法而不议,万物有成理而不说。圣人者,原天地之美而达万物之理"的说法,按照上述的理解方式,我们甚至可以将其看作是对美与科学以及科学方法之联系的隐喻,尽管这种理解是在现代的基础上以现代的眼光重新界定的。其实,对于自然之美与科学之美的认识和了解,显然也是有助于我们对于自然与科学之自身的更加深入的认识和了解的。这是科学美学研究的另一种"实用"的意义。

一方面,由哲人、数学家和科学的实践者们本人提出的这些有关思想是非常深刻的。另一方面,我们也应注意到,在大多数情况下,它们又偏于零碎,大多属于个人直觉的体会,还不够系统,更像是一些思想的闪光而已。

近几十年来，尤其是近年来，在科学界以及在人文社会科学界，众多的有识之士提出要将科学与艺术相结合。这种结合其实也正是对于科学之美的一种认识和把握。但如何实现这种结合却是一个需要思考和探讨的重要问题。我们同样也应该看到，科学与艺术的结合可以有不同的方式，是将这两者牵强地硬拉在一起，还是将这两者有机地融为一体，两种结合方式的结果是大不一样的。只有以后一种方式，科学与艺术这两者才能达到理想的结合。我们可以首先将那种表面的科学与艺术的伪结合排除在外。虽然本文前面也谈到一些大科学家具有很高的艺术修养的事例，但若是仅以这样的例证，或以某某艺术家也因对科学的"爱好"而似是而非地在其作品中颇有曲解地诠释科学，来论证科学与艺术之结合，那么，像这样的所谓"结合"其实只是对科学和艺术之关系的一种很表面的而非本质性的认识。

如果说在初期，人们一般性地谈论自然之美和科学之美还是一种洞见的话，随着认识的发展，则需要将这种认识更加深化，也就是说，需要更加认真地对待，需要在这方面进行深入、具体和细致的研究，将它作为一门学问来思考。这门学问，就是所谓的科学美学。

在广义上讲，科学美学可以包括对于自然之美和科学之美这两大类问题的研究。而对于自然之美与科学之美的认识，应属于科学文化的一部分，而且是其非常重要的一部分。

一个显而易见的事实是，目前国内对于科学美学领域的深入研究还是相当初步的，还缺少那种真正深入进去，以学术的规范对之进行的系统研究。相比之下,国外的情形要好一些,尽管这些研究也是非常分散的,也还没有像其他一些相关领域——如一般美学和科学哲学等——的研究那样形成规模。在这种情形下,一种有效地加速国内科学美学领域学术发展的办法,就是先将他人已有的成果引进。像笔者近来主编出版的《大美译丛》就是出于这样的考虑。虽然由于像获取版权等方面的困难,这套丛书涉及的范围和规模受到不少影响,但在现在的选题中,这套丛书还是涵盖了几个最重要的方面,如关于自然界之美的典型体现之螺旋的研究、关于美与科学革命之关系的科学哲学研究、关于人们对天体之认识与音乐之关系的研究、关于物理学与艺术之关系的研究,以及关于数学与音乐之关系的研究。这些论题仍然只是科学美学中一部分的内容,当然也是很重要的一部分内容。

当然,像所有的学术领域一样,引进和学习只是第一步。接下来,学术的发展还要靠自己的扎实研究。但在这样的研究中,首先,研究者应同时具备科学与人文的修养,更具体地讲,就是科学与美学的修养;其次,研究必须要按学术的规范进行,而不是只限于随感式的联想。在这方面,被收入《大美译丛》的几本书,如那本以物理学和现代艺术的平等发展和相互影响为主题的著作《艺术与物理学》,以及别具一格的科学哲学研究著作《美与科学革命》等,就是可以借鉴的式样。

原载《作家杂志》,2001年第5期。

鸡与鸭与李约瑟
——对于李约瑟问题的语境分析

田 松

| 导读 |

田松,现为北京师范大学教授,国内第一个拥有科学技术史和科学技术哲学双博士学位的学者,活跃于科学传播领域,对中国当代的伪科学也有深入研究。重要著作有《警惕科学》《稻香园随笔》等。

李约瑟问题一直困扰着富有民族自尊心的中国学者。经过中国学者的转述,李约瑟问题是这样的:"中国古代的科学技术一直遥遥领先世界,为什么到了近代却落后了?"或者说:"近代科学为什么没有在中国诞生?"

在讨论问题之前,须先做一下语义分析。中文原无"科学"一词,它来自日语,是作为science的译词进入汉语的。在西方语境中,science是认知层面上的源自古

> 李约瑟（1900—1995），英国近代生物学家、科学技术史专家。1941年，英国文化委员会任命李约瑟为设立在重庆的英—中科学合作馆馆长。1943年起，在中国多次进行考察，跑遍大半个中国，对中国古代科技进行深入研究。在几位中国助手的协助下，出版了多卷本《中国科学技术史》（尚未完成），用大量史实纠正了西方过去对中国科学文化的各种错误看法、误解和严重低估。

希腊自然哲学的关于自然界的系统的定量化的知识。它有一些具体的学科，如物理、化学、地质、生物等。而技术则是实践层面上的为达到特定目的而使用的方法。科学与技术本各有其源，直到近代才结合起来，并产生一种新的技术——科学的技术。这种技术是由科学推导出来的，是经验累积所不能达到的，比如无线电技术，是电磁理论的产物。正是科学技术，而不是科学，成为西方人改造物质世界的锐利武器。

例如广东的经济发展抬高了粤语，科学技术的成功使科学成为一个辉煌的大词。在中国的大众语境中，科学是一个最最好的东西，意味着正确高明有效，说某人的某个做法不科学就如几十年以前说他有唯心倾向一样让他恼怒。如此，李约瑟问题对于中国人来说就不只是学术问题，更是尊严问题。在日本忙着全面中化的唐宋时期，就没有人会呼喊，中国要有科学；到元明时期，科学已经进入中国，也没有人把它当回事。李约瑟问题引发了许多人对历史的哀叹追悔和假如当年如何如何现在就会如何如何的自慰,同时也借此回顾"当年之阔"。如刘兵先生在1998第11期《方法》上所说,中国的科学史研究在很大程度上陷入了论证某某中国古已有之、世界第一的误区。这种语境下的科学已与science毫无关系。如不抛开面子问题,李约瑟问题很难得到"科学"的解决。

狭义的科学当然就是science。爱因斯坦认为:科学的基础有二,一是希腊哲学家发明的形式逻辑体系,一是文艺复兴中发现的通过实验获得因果关系的方法。这也是使科学有别于其他系统知识的特性。以此标准衡量,中国古代是没有科学的。爱因斯坦便持此论,他说:"中国的贤哲没有走上这两步,那是用不着惊奇的。"(《爱因斯坦文集》第一卷,第574页)所以不存在中国古代科学曾经领先这回事。如刘兵所言,中国科学的世界第一究竟有多少,只要翻开教科书看一看那些定理定律发现者的名字就知道了。据香港学者陈正文先生考证,古埃及出土的纸莎草文书上的数学题水平就与几千年后的《周髀算经》相当。勾股定理和毕达哥拉斯定理虽然有相似的内容,但他们背后的文化结构大不相同。事实上,在领先与否的比较中,中国注定是要吃亏的,因为我们所用的科学标准来自西方。就如用鸭的标准来衡量鸡雏和鸭雏,鸡雏必然得分甚低,看不出有长成鸭子的迹象。

李约瑟问题之所以出现,乃在于科学与技术混为一谈。常

李约瑟考察敦煌

被用来证明中国古代科学技术强盛的四大发明，其实都是技术，而且都是来自经验的技术。把科学、技术和科学技术分开考虑，李约瑟问题就可重新表述如下：中国古代的技术一度领先世界，为什么到了近代落后了？对这个问题的解答是：因为西方有了科学，有了科学的技术。至于后一种说法，为什么近代科学革命没有诞生在中国，答案也很简单：因为中国没有科学思想。这个问题还有些古怪，它相当于：为什么鸡蛋里没有孵出鸭子来？答案是：因为鸡蛋不是鸭蛋。

这样说，必然有人不满意。难道只有 science 才算科学吗？中国古代没有自己的科学吗？这种提问暗示了科学的另一种常见的引申意义，即把一切"系统的知识"都称为"科学"。这样，文史哲等人文学科被称为科学——社会科学；同时 science 成了自然科学。这个"科学"仍蕴含一种褒义。在西方，science 也有此种用法。有人问荣格："为什么像中国这样一个聪慧的民族，却没有能发展出科学？"这差不多是半个李约瑟问题了。荣格回答："中国的确有一种'科学'，其标准著作就是《易经》，只不过这种科学的原理就如许许多多中国的其他东西一样，与我们的科学原理完全不同。"[①] 从系统的知识这个角度，把中国古代某些知识体系称为"中国传统科学"也无不可，但是在讨论李约瑟问题时，不能认为它们就是 science，否则就有偷换概念之嫌。

---

① （德）荣格：《纪念卫礼贤》，通山译：《金华养生密旨与分析心理学》，东方出版社，1993年，第143页。

中国古代当然有辉煌的文明,但要证明这一点,不一定要以西方语境为参照系说中国有科学且曾领先。我们可以说,science并不是唯一一种正确的知识体系。而且,改造世界的直接力量不是科学,而是技术。中国古代不仅有曾在几千年里世界第一、至今仍不能被现代科学完全涵盖的技术,也有在技术之上的系统知识。比如中医技术及理论,这些才是中国智慧有别于西方的独特之处。然而,由于西方文化的强大优势,我们已经失去了中医等传统知识产生及发展时的语境。所谓的中西医结合在相当程度上是以西医的模式改造中医,有很多工作就是为了证明中医符合科学——西医。弄到最后,中药发展了,中医却消亡了。

原载《中华读书报》,1998年6月10日。

对科学文化的若干认识
——首届"科学文化研讨会"学术宣言

柯文慧

| 导读 |

柯文慧,上海首届"科学文化研讨会"(2002年底)与会者的集体笔名。本宣言由田松起草,与会者共同讨论、修改,由江晓原最后定稿。当时曾在《科学时报》《中华读书报》等报纸发表,被认为是一份具有历史价值的思想文献。

近年来,科学文化一词频频出现在大众传媒。而对于什么是科学文化,如何理解科学文化、如何更好地从事科学传播,存在着各种想法。在首届"科学文化研讨会"上,与会学者坦诚地陈述了彼此的立场和观点,逐渐明晰了各自的表述,并达成了一定的共识。

科学文化具有思想和实践两方面的意义。对科学文化的理解固然可以不同,但是与会学者一致认为：需要从思想层面（包括人文的和科学的角度）和社会实践层面对科学和技术的文化意义进行反思；需要发展多角度、多层面的科学文化，包括传统科普（知识性科普）、"二阶的"人文科普、科学文化研究（如吸收社会建构论、SSK 等有关成果）。

与会学者注意到这样一个判断：近年来，科学文化领域主要的矛盾表现形式，已经从保守势力与改革开放的对立，开始向单纯的科学立场与新兴的人文立场之间的张力转变。这一判断或许并不十分准确，但无疑是富有启发性的。

如何理解科学文化

牛顿物理学诞生之后，在解释世界的形而上层面，科学逐渐取代了传统文化的地位。不仅科学知识成为人类解释世界的"标准答案"，科学对自然的理解如自然观、宇宙观、真理观也渗入到人类一般思想之中。与此同时，工业革命之后，在联系世界的形而下层面，科学的技术逐渐取代了传统技术。在人类文化中，直接融进了科学之技术的成分。

科学所渗入到人类一般思想之中的部分，表现在人类基本生存方式中的部分，就是我们所要讨论的科学文化。

毫无疑问，公众对科学文化的理解与公众的科学素养是密切相关的。但是，作为文化的科学也能够超越具体的科学知识，直接进入公众的思想深处。作为文化的科学在传播的过程中，不一定需要将具体的科学知识作为前提。举例而言，在牛顿物理学之后，机械论、还原论、决定论的自然观成为社会主流话语体系的一部分，但是，是否接受这种话语体系，不以是否掌握牛顿物理学为前提，大部分公众对于主流话语体系是不自觉地接受的。

大众话语体系中科学文化的形成可以从两个层面上进行理解。一、从思想层面，科学家及科学文化工作者（包括科学哲学、科学史、科学社会学等）对科学的文化内容进行第一度阐发，然后渗透到人文学者、文学家和艺术家等，并通过大众传媒进入大众话语体系。二、生存层面，科学的技术已经渗入到人类生存的所有方面，科学文化是人类生存背景的重要组成部分。

科学本身处于变化之中。不同时期的科学对自然、宇宙以及科学自身的理解都不相同，甚至存在根本上的矛盾。尤其是在进入20世纪之后，牛顿范式的科学在很多方面遭到了超越、挑战和质疑。因此，科学所可能具有的文化内涵从理性层面上已经发生变化。同时，科学技术所导致的社会问题也开始显现，从生存层面改变着人们对科学的看法。

中国的科学文化的总体状况比较复杂。一、科学作为外来文化，与中国传统文化存在巨大的差异，科玄论战的矛盾基础依然存在。二、在科学知识层面，中国的科学基础非常薄弱。然而，科学主义在社会主流话语体系中占据重要的地位。三、生存层面，科学及科学技术尚未发挥足够的作用，但是科学的技术所造成的社会问题也已经大量出现。

如何看待科学主义

科学主义产生自启蒙主义，成于实证主义，是建立在牛顿范式的科学之上的一种思想观念。长期以来，已经成为主流话语体系的重要组成部分，是每个人在成长之中所接受的背景知识的一部分。

科学主义认为科学是真理，是正确的乃至唯一正确的知识，相信科学知识是至高无上的知识体系，并试图以科学的知识模式延伸到一切人类文化之中；科学主义从自然观上，采取机械论、还原论、决定论的自然观；在联系世界的社会层面表现为技术主义，持一种社会发展观，相信一切社会问题都可以通过技术的发展而得到解决；科学的技术所导致的社会问题都是暂时的、偶然的，是前进中的失误，并且一定能够通过科学及技术的发展得到解决。在人与自然关系中，表现为征服自然，把自然视为人类的资源，从环境伦理的角度，认为人类有能力也有权利对自然进行开发。

科学主义是一个他称，很少有人自称科学主义者。一般而言，我们把对科学、真理、自然观、社会发展以及环境伦理等方面的问题持有上述观点的人称为科学主义者。科学主义是连续的观念谱系，只有很少人坚持极端的科学主义立场。

与会代表同意这样一个事实：科学主义是我们的缺省配置。很多反对科学主义的人都曾持有过一定程度的科学主义观念，甚至，在对很多问题的态度上，仍会不自觉地采取某种程度的科学主义立场。

科学主义的功过：

在历史上,科学主义一度在弘扬理性、解放人性的过程中有过重要作用。但是,在当今世界,科学主义的负面作用也是不能低估的。它表现在两个方面：

1. 思想层面,把科学等同于绝对的客观真理。对科学的神话同样束缚了人们的思想,不利于科学自身的发展。科学主义侵害的首先不是人文学术或者社会科学,而是自然科学本身。如欧阳莹之(Sunny Y. Auyang)指出："科学主义过分炫耀科学且背离科学精神,这激起了让许多科学家吃惊的对科学的敌意。祸起萧墙,我们不要仅仅抱怨公众不愿意支持科学研究,或许我们应当检查自己,看看是不是我们做得太过分了,而成了科学主义。"①

2. 社会层面,科学的技术已经带来了不可逆转的社会后果,继续坚持僵硬的科学主义立场不利于对科学技术进行反思,不利于可持续发展的实现。

在几个层面上对科学主义的反思：

1. 20世纪的科学已经超越了牛顿范式,机械论、决定论、还原论的自然观已经遭到了有机论、非决定论、整体论的自然观的挑战。这些科学以量子力学、非线性物理学为标志。也就是说,科学主义所立足的科学远远不是最先进的科学。那么,我们是否还应该继续坚持建立在这种科学之上的思想观念？

---

① 欧阳莹之著：《复杂系统理论基础》,田宝国等译,上海科技教育出版社,2002年,第356页。

2. 科学的技术已经造成了全球性的环境污染，已经在很多方面表现出了负面效应，并有可能导致更严重的社会后果。需要对科学的滥用、技术的无度发展进行反思。因而，我们是否应该重新认识技术和社会发展的关系？是否需要对科学的滥用和技术的无度发展进行深入的反思呢？

3. 科学的技术导致了人类生存方式的改变，这种改变造成了技术对人的异化。因而，我们是否应该重新思考人类生存方式与技术的关系？

4. 大科学时代的科学并非少数人以个人财力可以完成的，需要使用全社会的资助。因而，是否可以只服务于少数人（科学家）的意愿，而不需要考虑真正的投资人（公众）的意见？

由于科学一词在大众话语体系中常常代表"正确、高明、有效"，所以，科学主义者常常给主张反思科学主义的观点盖上反科学的帽子，在意识形态上将对方置于被批判的位置。因此，需要说明：科学主义者并不代表科学，尤其不代表最新的科学成就；反对科学主义，绝对不等于通常意义上的"反科学"，恰恰相反，这有助于科学的正常发展，有助于重塑科学形象的理论建设工作。当然，考虑到中国目前的国情，对这一理论建设工作的宣传应该谨慎、适度，以免在公众一时还缺乏足够理解的情况下产生消极作用。

如何理解科学传播

科学文化不仅仅存在于思想理论层面，同时还有很丰富的实践内容。与会代表围绕科学传播讨论了若干问题（何谓科学传播、传播什么、怎样传播、传播受众市场分析以及科学传播队伍的人员构成等）。

所谓科学传播，是从科学文化自身的要求出发提出的一个超越传统科普的概念。科学传播的核心理念是公众理解科学，强调公众对科学作为一种人类文化活动的理解、欣赏和质疑，而不单是向公众灌输具体的科学知识。与会代表基本同意：科学传播的目的重点在于促进公众对科学事业的理解，打破科学事业与民众之间的藩篱，在科学精神、科学方法、科学史、科学与自然、科学与社会、科学与人文、科学与伪科学、科学前沿进展等方面增进理解和交流（此处未涉及也很重要的技术推广，但那是另一层面的事情）。事实上，这既符合"弘扬科学精神，传播科学思想，介绍科学方法，普及科学知识"的主体属性原则，也契合了传播学中的贴近法则和创新法则。我们相信这一理念必将为进一步发展的受众市场所支持和证明。至于怎样传播，与会代表认为首先要对庞杂的受众市场有清晰的细分，进而分析他们对科学文化的认知和需求。我们认为目前有四个人群可以有所作为：一是青少年，传统科普仍发挥着固有的作用，但科学文化经过简约后应有进入的空间；二是新兴白领阶层，这是一个非常活跃且有求知偏好的群体，人文情怀和阅读传统也比他们的前辈好得多，随着这块基数迅猛增长，以科学文化为代表的科学传播应尽快占领这个市场；三是有阅读习惯的学者（人文学者居多）及一般文化人，这是科学文化出版物的固有市场；四是广大科技工作者，由于教育背景，这部分人士对于科学的理解大多处于缺省配置状态，与科学文化存在着一定程度的疏离。

与会代表尤其谈到了科普出版（科学文化出版）问题，认为这一实践领域急需科学哲学、科学史、科学社会学等有关理论建设，要更新出版理念就必须从科学史、科学哲学、科学社会学这三大元层次的学科汲取养分。事实上，20世纪科学哲学经历了从逻辑实证主义向历史主义、历史主义向后现代主义的两次转变，而科普出版似乎正经历着这样的转变。

由于大众传媒的从业人员所受的教育大部分来自人文学科，他们的知识结构决定了他们对具体的科学知识的理解是不够充分的。他们对于科学文化的理解仍然停留在缺省配置阶段。从人才培养角度看，科学传播这样重要的工作在高等院校中还没有十分贴切的对口专业。有识之士需要联合起来，共商中国高校的科学传播专业设置和人才培养问题，也只有解决了合格人才供给，科学传播事业才有望顺利开展。

从事科学文化研究的学者需要和媒体、受众联合起来，把科学传播进行到底！

原载《中华读书报》，2002年12月25日。

古代历法：科学为伪科学服务吗

江晓原

人们常说"天文历法"，但历法究竟是用来干什么的？也许你马上会想到日历（月份牌）——历法历法，不就是编日历的方法吗？这当然不算错，但编日历其实只是历法中极小的一部分功能。

当我们谈论"历法"时，其实涉及三种东西：

历谱，也就是今天的日历（月份牌），至迟在秦汉时期的竹简中已经可以看到实物。

历书，即有历注的历谱，就是在具体日子上注出宜忌（比如"宜出行""诸事不宜"之类）。这种东西在先秦也已经出现，逐渐演变到后世的"皇历"，也就是清代的"时宪书"。作为"封建迷信"的典型，传统的历书在20世纪曾长期成为被打击的对象，一度在中国大陆绝迹，近年则又重新出版流行。只是其中的历注较以前简略了不少。

历法，现今通常是指在历朝官修史书的《律历志》中保存下来的文献。其中包括94种中国古代曾经出现过的历法，时间跨度接近三千年。

许多人希望中国古代的东西多一些"科学"色彩，所以他们喜欢将中国历法称为"数理天文学"，这确实是科学，但这科学是为什么对象服务的？真相一说出来，却难免要大煞风景了。

欲知一部典型的中国古代历法究竟是何光景，可以唐代著名历法《大衍历》（公元727年修成）为例，其中包括如下七章：

"步中朔"章6节，主要为推求月相的晦朔弦望等内容。

"步发敛"章5节，推求二十四节气与物候、卦象的对应，包括"六十卦""五行用事"之类的神秘主义内容。

"步日躔"章9节，讨论太阳在黄道上的视运动，其精密程度，远远超出编制历谱的需要，主要是为推算预报日食、月食提供基础。

"步月离"章21节，专门研究月球运动。因月球运动远较太阳运动复杂，故篇幅远远大于上一章，其目的则同样是为预报日食、月食提供基础——只有将日、月两天体的运动都研究透彻，才可能实施对日食、月食的推算预报。

"步轨漏"章14节，专门研究与授时有关的各种问题。

"步交会"章24节，在前面"步日躔""步月离"两章的基础上，给出推算预报日食、月食的具体方案。

"步五星"章24节，用数学方法分别描述金、木、水、火、土五大行星的运动。

很容易看出，这样一部历法，主要内容，是对日、月以及金、木、水、火、土五大行星这七个天体（古代中国称为"七政"）运动规律的研究；主要功能，则是提供推算上述七个天体任意时刻在天球上的位置的方法及公式。至于编制历谱，那只能算是其中一个很小也很简单的功能。

那么古人为什么要推算七政在任意时刻的位置呢？

以前有一个非常流行的说法，说中国古代的历法是"为农业服务"的——指导农民种地，告诉他们何时播种、何时收割，等等。许多学者觉得这样的说法能够给我们古代历法增添"科学"的光环，很乐意在各种著述中采用此说。

但是许多事情其实只要稍一认真就能发现问题。姑以上面的《大衍历》为例，我们只消做一点最简单的思考和统计，就能发现"历法为农业服务"这个说法是多么荒谬。

且不说农业的历史远远早于历法的历史，在没有历法的时代，农民早就在种植庄稼了，那时他们靠什么来"指导"？我们就看看历法中研究的七个天体，六个都和农业无关：五大行星和月亮，至少至今人类尚未发现它们与农业有任何关系；只剩下太阳，确实与农业有关。但对于指导农业而言，根本用不着将太阳运动推算到"步日躔"章中那样精确到小时和分钟——事实上，只要用"步发敛"章的内容，给出精确到日的历谱，在上面注出二十四节气，就足以指导农业了。

那好，我们就来统计《大衍历》：整部历法共 103 节，"步发敛"章只有 5 节，也就是说，整部历法中只有不到 5% 的内容与指导农业有关。由于《大衍历》是典型的中国古代历法，其他的历法基本上也都是这样的结构，因此也就是说，"历法为农业服务"这个说法，只有不到 5% 的正确性。

那么数理天文学剩下的 95% 以上的内容，是为什么服务的呢？——为星占学服务。

因为在古代，只有星占学需要事先知道被占天体运行的规律，特别是某些特殊天象出现的时刻和位置。比如，日食被认为是上天对帝王的警告，所以必须事先精确预报，以便在日食发生时举行盛大的仪式（禳祈），向上天谢罪；又如，火星在恒星背景中的位置经常有凶险的星占学意义，星占学家必须事先推算火星的运行位置。

如果认为星占学是伪科学，那么历法（数理天文学）这个科学就是在为伪科学服务。古波斯的《卡布斯教诲录》中说："学习天文的目的是预卜凶吉，研究历法也出于同一目的。"这个论断，对于古代诸东方文明来说，都完全正确。

选自《科学外史》，江晓原著，上海人民出版社，2017 年。

"科学大战"是一场什么样的"战争"

刘 兵 |

科学大战（Science War），这个词汇在西方被用了几年之后，近来随着国内有关科学主义的争论的讨论的展开，也开始频频地出现于国内的种种学术、准学术和大众媒体上。当然，人们使用这个概念的时候，最初是从国外对这场其实本是学术争论的争端形象化的描述用法直译而来。在此之后，虽然人们依然主要是用这个称呼来指那场本来爆发于西方（但近来似乎战火也有燃烧到国内的苗头）的激烈争论，或者说学术（甚至也自然地带有某种政治意味）上的"战争"，但在使用这一概念的过程中，大多数人却恐怕还是对这种本是隐喻性的称呼背后所隐含着的寓意未加深究。

关于"科学大战"这一提法最初的起源，本人未加考证。但从这一提法被人们广泛地使用，以及这种提法在国内有关科学主义争论的语境中被使用的情况来看，显然它代表了争论者们的某种心态，代表了人们对于科学与人文之间冲突的某种理解以及有关如何解决这种冲突的某种倾向。这正如《"索卡尔事件"与科学大战——后现代视野中的科学与人文的冲突》一书的中文版编者所言，随着"索卡尔事件"的出现，"就立即触发了一场席卷全球的由科学家、持实证主义立场的哲学家组成的科学卫士与后现代思想家之间的'科学大战'"。"这是一场真正的科学与人文的大论战，在人类思想史上，还没有出现过涉及面如此广泛的论战，它几乎涉及人类文化的各个领域，吸引着全球如此众多的科学家、哲学家和人文学科的研究者的介入，而且这场论战已经进入到了大众传播媒介，引起了人们的广泛注意。"①

"科学大战"中的"战"字，当然是指战争，或者战斗，是一种隐喻的用法。按照《现代汉语词典》的解释，战斗一词，一是指"敌对双方所进行的武装冲突，是达到战争目的的主要手段"，一是泛指斗争。而战争一词，则是指"民族与民族之间、国家与国家之间、阶级与阶级之间或政治集团与政治集团之间的武装斗争。战争是政治的继续，是流血的政治，是解决政治矛盾的最高的斗争形式"。显而易见，按照上述释义，即使在隐喻的意义上，这种隐喻也是充满了暴力，充满了硝烟味，意味着流血，是一种冲突的最高级的形式。相应地，当人们使用战争这一隐喻时，带给人们

---

① （美）索卡尔等著：《"索卡尔事件"与科学大战》，蔡仲等译，南京大学出版社，2002年。

的联想，则是对立的双方在战场上的你死我活。最终，也许一方会凭借着强大的实力战胜另一方，也许是两败俱伤，也许而且更有可能，将是一场给战斗的双方以及战场之外的人都带来无尽伤痛的持久战。

那么，为什么人们要用这样一个词，或者更准确地说，用这样一种隐喻来形容那场在一部分科学家和人文学者之间，或在相当程度上，也可以说是在科学主义与反对科学主义的人文主义者之间的争论呢？

其实，从打响了这场"大战"的"第一枪"的始作俑者索卡尔本人的说法中，还是可以看出一些线索的。索卡尔说："首先，我们不想要一种'科学大战'；那么，我们是否想要一种和平相处？不，我们两者都不要。因为，对于学术讨论而言，大战与和平不是一种恰当的分类。在'和平对话'中，势必造成一种谈判：一种相互之间的妥协。但真理问题是不可以通过这种谈判来解决的。事实上，采纳这种'教条的'讨论术语，将是对相对主义哲学的极大妥协。这种妥协意味着：学术讨论无非是一种权力斗争，其中汇聚着说服、利诱与谈判的混合。而这一点，正是我们极力批判和反对的。"[①]

在索卡尔的第一点立场上，也即并不想要大战，这当然是很好的。但他也明确地表示并不想要什么和平。如果考虑到他后面

---

① （美）索卡尔等著：《"索卡尔事件"与科学大战》，蔡仲等译，南京大学出版社，2002年。

所说的内容，就可以明显地看出，他是相信真理恰恰掌握在自己手中，而且，隐含地假定了真理必定是一元的、唯一的。因而，他不会愿意与其对立者进行什么妥协（其实在这里讲妥协已经意味着自认为是绝对正确的一方的某种退让）。这样一来，无论他愿意与否，一场大战是不可能不打起来的。

从科学大战后期战事全面展开的情况来看，索卡尔本人在他那场"恶作剧"中以嘲弄后现代人文学者对物理学的无知作为开端，他主要反对的是他所谓的相对主义哲学，以及他所理解中的社会建构论，但战争一旦全面爆发，对立的双方所涉及的冲突就远远不止索卡尔最初的关注了。但无论在局部的冲突中双方表现出来的分歧具体何在，从总体上讲，这场战争背后最本质的冲突，仍然是科学与人文的分裂及其带来的矛盾。而这种矛盾的存在，已经有了很长的时间。从斯诺明确注意到两种文化的分裂问题，并呼吁沟通两者算起，半个世纪以来，尽管在局部，在一些特定的领域中其矛盾有所缓解（而且这种努力更多地来自人文学者），但在整体上，这两种文化之间的矛盾冲突却从来没有被真正地解决过。而且，由于科学（或者更准确地说是西方科学）在社会生活中所起的越来越大的影响，科学主义也随之强大，与人文的对立愈发尖锐。就像美国纽约大学的罗斯教授对《高级迷信》一书的作者格罗斯和莱维特的倾向的形象描述那样：他们"加强了一种超自然的前哥白尼主义，它把整个社会领域看成是围绕着科学家而旋转的，而且认为这个宇宙中所有的天体都沿着显示出反科学倾向的轻微偏心轨道运动"。①

在这样的立场中,当把整个社会领域都看作是围绕科学家而旋转,认为世界上只有一元的真理,而且这种真理就掌握在科学家手中,那些与科学主义者标准的观点哪怕是稍有不同的新见解,自然就会被视为伪科学或反科学的。有了这样的信念,对于那些被贴上了伪科学或反科学标签(其实也包括了众多同样严肃地对科学本身进行研究的人文学者在内)的"异端",进行"圣战"当然就成了一种"正义"的举动。

但问题在于,这样的信念,以及基于这样的信念而发动的"战争"真的就是理想的、合理的、唯一可行的、有利于社会发展的吗?在科学与人文的学术争论之外的政治、经济、民族、宗教的世界里,虽然自古以来战争一直没有间断过,但当今呼吁和平反对战争的倾向显然已经成为主流的倾向。当然,在学术领域中,与学术领域之外的世界有所不同,但那种长期以来在人们的意识深处存在着的战争模式,却在科学与人文的对立中鲜明地体现出来。这难道不值得我们警惕和深思吗?

如前所述,从形势的发展来说,我们可以看到那场"科学大战"的战火已有烧到我们这里的迹象。在我们这里,有些人也许在字面上不一定明确地提及"科学大战"这个词,但在内心里,战争的思维模式却也同样鲜明地体现在有关科学文化与人文文化及

---

① (美)安德鲁·罗斯主编:《科学大战》,夏侯炳、郭伦娜译,江西教育出版社,2002年。

其两者间冲突的讨论中。例如,对于有关科学主义的讨论,我们不是已经看到了一些人面对不同的观点,采用甚至带有某种"文革"遗风(而且是上纲上线,关起门来并不想面对被批判者,也不想给他们以发言机会)批判会的方式,试图用非学术性的批判来代替学术讨论吗?

如果换一种思路,放弃那种暴力的、你死我活的、以消灭对方为目的的战争思维模式,采用一种和平的、求同存异的、百花齐放的、多元平等的立场,面对也许在短时间内无法最终解决的科学与人文之间的矛盾,努力去沟通两者,而不是用战争的方式将对方消灭,也许是一种更为可取的做法。

差异总会存在,争论依然将持续下去,世界本是多样的,但和平却总是人类的理想。

原载《科学技术与辩证法》,2004 年第 5 期。

科学与艺术的共济进化[1]

刘华杰

对这样一个大的题目,实际上我并不是专家。严格说,我既不懂科学也不懂艺术。但为什么会敢来讲这一题目呢?因为自己关注相关话题,对科学与艺术之间的关系有一点儿不成熟的考虑,愿意借这样一个平台和大家共同探讨。另外,我对理工大学校园较熟悉,我的师兄孔昭君博士在这儿工作,我读博士期间就经常到北理工来,校园里的植物我仔细观察过。今天要说的主要内容涉及以下几点:科学与艺术的起源;从创新的角度来看,科学与艺术有哪些共性?历史上,科学与艺术是独立发展还是共济进化的?审美判断与自然科学理论的选择之间是否有关联?如果有时间我会结合对称、分形两个概念多讲几句。

---

[1] 此文为作者2011年5月11日在北京理工大学的演讲。

一、从起源和创新的角度看科学与艺术

在起源的意义上,科学与艺术可以说是同根生,长在一起。但是当下科学属于一个门类,艺术属于另外一个门类,两个几乎不搭界。最近几年,科学界和艺术界都相应地开了很多会议,倡导两者的关照、结合,但是实质进展并不是很理想,许多东西被大而化之,也确实比较难讨论。现在虽然有些重量级的人物认为,科学与艺术是高度一致的,甚至说两者是一回事,但在我看来,这样的说法有些言过其实,毕竟科学与艺术之间的差别太大了。如果两者是一回事,科学家就是艺术家、艺术家就是科学家了。在座的各位大多是理工科出身,对于艺术了解多少?反过来,学艺术的对理工科又了解多少呢?

不过,我们确实可以向前追溯。在当下,科学与艺术分得很远,但是在起源上,科学与艺术离得很近,这是有道理的。古代的一些器皿,如青铜器、青花瓷等,同时体现了当时的科学、技术、艺术以及制作的动机、想法等。那时可能也不分谁是科学家、工程师、艺术家,"手艺人"同时兼了许多职。

现在世界范围内的教育、社会发展出了问题,科技一枝独大,科技发展相当程度上脱离了人性,于是人们期望科学、艺术等等之间能够彼此照顾。在这里,我愿意重复科学史家萨顿(George Sarton, 1884—1956)的论述。他提出一个想法,希望科学、艺术、宗教能够很好地结合起来。他说:"我们的科学家在某些方面才智

出众，但在另一些方面却十分愚笨可笑；我们的艺术家非常聪敏，但又颇为愚昧无知。真、善、美存在，人们都能看到，但能够明白这些不过是同一秘密的不同方面的人为何如此之少啊？……科学是生活的理智，艺术是生活的欢乐，而宗教则是生活的和谐。缺少其他方面，任何一方都不完全。只有在这一三角关系的基础上去理解生活，我们才可以指望揭破生活的秘密。"对于我们而言，其中"宗教"可在"伦理"（道德）的意义上理解。

萨顿无疑在强调真、善、美的统一。科学与真联系得比较紧密，宗教与善联系在一起，艺术与美联系在一起。按照萨顿的理解，可以形成一个四面体：除底面外，第一个面为科学，第二个面为宗教，第三个面为艺术。理想的境界是真、善、美将来能够在未来的某一个点汇合。但是现实中却不是这样的。现实是，不但没有汇聚的希望，三者反而一直在发散，至少现在看是这样（图1）。

萨顿描述的是一种理想，那种状态很

萨顿，1884年8月31日出生于比利时，是近代科学史学科的重要奠基者之一，新人文主义倡导者。他一生出版了15部专著，发表了300余篇论文，其中最具代表性的科学史著作有《科学史导论》(*Introduction to the History of Science*)和《科学史》(*History of Science*)。

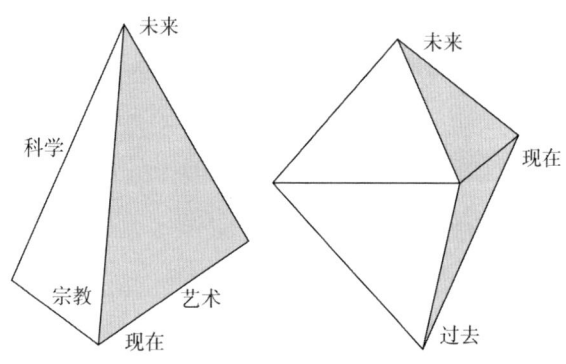

图 1 科学、宗教(伦理)、艺术之间的关系

(a) 萨顿设想的理想状况,希望科学、艺术与宗教在将来能够统一起来;
(b) 下面部分大致描述了实际的情况,上面部分表达了一种期望,可能难以实现

难实现,但对我们仍有启示意义。

科学与艺术,只有在起源的意义上,我们才可以推测它们合而为一,在现实中,总体上它们仍然继续分裂着。我们可以看看举国当下的建筑,技术上还过得去,但是艺术性却很难恭维。北京的"鸟巢"(国家体育馆)、"鸟蛋"(国家大剧院)、"鸟腿"(中央电视台)等建筑的艺术性还好,至少较新鲜,但是据说这些建筑是以外国人为主导来设计的,方便了洋人做实验。

我国政府非常重视科学技术,世界上没有第二个国家比我们更加重视科普。但是中国的科技创新却不如人意。对于这样的现象,许多人在查找原因,最后发现,体制与文化原因很关键。看待创新，管理者和科技工作者表现得非常短视，为了创新而创新。这样能够得到的创新，基本上是小的创新，或者说不是真正的创新。

我们把科学文化与艺术文化这两个表面上很不同的事物放在一起讨论，是为了能够彼此启示，使得我们对创新的理解更全面一些。创新，一方面要大胆，另一方面又要谨慎。艺术史实比科技史把这些展示得更为清晰。搞艺术的人，心里很清楚，单纯模仿没有出路，但是一开始必须模仿，学习阶段和起步阶段都要临摹。大家都知道，艺术品的原作与复制品，在价值上完全不同。艺术家很在乎创新，甚至整天都是琢磨着如何创新，可以想到艺术家在这一点上决不比科技工作者少动了脑筋。但是艺术家十分清楚，想着创新并不意味着实际上能够创新，大胆尝试出的"创新"，可能失败：做出的东西太离奇，不被社会接受。这里分两种情况：一种是伪创新；另一种是真创新。在科技界，这两种情况也都有对应物。科技上的伪创新，是指设计的系统不管用，原理上有误；另一种则指想法太超前，关键材料、核心技术在现阶段或相当长时间内根本无法解决。创新有风险，要靠实力、自信心和运气，创新行为者在心理上经常处于焦虑状态、矛盾状态：要大胆但又不能太大胆。创新作品（系统）要恰到好处地超前于时代：一要超前，二不能走得太远。要在恰当的时空位置，拿出恰到好处的东西。何谓"恰当"？要具体问题具体分析，尝试之后（经历了失败或者取得了成功）才知道！

历史上哥白尼的日心说比托勒密的天文学说就有一定的创新。哥白尼及其信徒有办法尽可能说服他的同行，使新体系能够传播、被接受。日心说的想法在古希腊阿里斯塔克（Aristarchus）那里就有，但是当时全社会的整体知识储备不足，那时的日心说不可能形成明确的科学理论体系，不可能被学者及全社会认可。原因是，相对于时代，那个想法太超前了，与社会条件不相匹配，因此也就不会成为现实的创新。只有社会的发展与现实的想法相匹配，才可行。但与现实中的观念又不能完全一样，否则就无所谓创新了。科学是这样，艺术也是一样。印象派在开始的时候，也不被艺术界所承认。到后来，才逐渐被接纳、红火起来，可惜那些大师生前基本没有享受到荣光，更没有发大财。莫奈（Claude Monet，1840—1926）还好，生前就已成名，凡·高（Vincent Willem van Gogh，1853—1890）就惨了，生前只卖出一幅画。要有较大的创新，需要忍受寂寞，可能不是一年两年，而是十年二十年！当下谁愿意长期坐冷板凳？

当下科学界与艺术界都非常重视创新，效果并不好。在科技界，创新被量化为多发表论文，跟踪国际形势（有点像政治），表面上这些都没有问题。但是一年跟踪，三年跟踪，三十年还跟踪，就出现问题了。我们需要在文化上努力，在教育上努力，既重视小的创新，也重视大的创新，要足够宽容。比如，要允许一部分科学家五年内不出成果，希望他们第六年或第七年出像样的成果。管理者愿意承担风险吗？

为了创新，就要解放思想，但创新不是任意胡来。创新活动受各种自然条件和人为条件的无情限制，创新可能走偏，但创新系统有自我纠错的机制,走偏倒不必太担心。退一步讲,科学创新允许大家胡来,胡来的结果无助于科学的真正发展,只是浪费时间和金钱而已。在这种意义上,科学也是无法假冒的。理论上,真正了解科学的人不会去假冒科学,因为这样做的最终结果是被揭露出来,名声扫地。不过,实际情况并非如此简单,正因为"迟早"是不确定的,正因为有时考虑了当事人的动机,正因为科学在扩展人类知识方面有着很好的声誉,功利心才驱使人们拿科学开玩笑:有意混淆是非,制造伪科学、伪技术。

作为负责任的中国公民或者世界公民,我们还要考虑为什么创新,我们需要怎样的创新,创新的后果是什么。并非所有的创新都是好的。从哲学上讲,要鼓励适度创新。自然科学并非发展得越快越好。现在,资本驱动科技,科技驱动社会,带动着全世界在向前奔跑。美国在前面领跑,别人被迫跟随着跑。激烈竞争的后果非常严重,使人地生态系统不堪重负。现在的地球系统,是长期演化、适应的结果。全球的科技整体发展过快,已经使得全球生态系统无法适应,把生态系统逼迫到无法招架的地步。在高科技的牵引下,大自然被过度开发、垃圾增多、环境恶化,更麻烦的是"快跑"使得人类精神上不幸福,人们变得日益焦虑。在宣传上,我们过多地谈科技发展相对于人的需求太慢,以及科技解决了多少多少现实问题,而忘记了大量问题是科技过快发展造成的,有些需求是过分的。为了人类社会的持久生存,一切都应从容一些,人类不需要整天奔跑,个体和人类都不需要跑着进入坟墓。

理工科的学生，可能不大会考虑这些方面，但我建议大家适当考虑。我们北京理工大学要培养境界更高的人才，要努力造就优秀的世界知识分子。学子们要从萨顿讲的三个方面考虑协同创新，使科技真正为人类的幸福生活服务，而不是简单地为小的利益集团服务。

二、历史上科技与艺术共济进化

在历史上，科学与艺术之间是怎样的关系呢？有独立发展、分道扬镳的时候，也有相互帮助、共济进化的时候。而后者对我们颇有启示。比如艺术风格的变迁、技术的进步与几何观念的变化。

艺术史上的哥特（Gothic）艺术继罗曼（Romanesque）艺术之后崛起，持续数百年之久（1100—1500），影响巨大。其间风格转化相当明显，人们多从艺术本身对此转化进行探讨，实际上也可以从工艺、技术及力学的进步方面对历史上如此伟大的艺术运动转变进行考察。

罗曼建筑的给人的感觉是什么呢？非常结实。缺点是窗户比较少，采光不好。那时候建筑采取这种风格是有理由的，有美学上的考虑，还有科学上的考虑。那时候的力学不是很发达，不敢建那么多门窗，怕承重出问题。当时建筑风格与技术水平是相适应的，审美与技术达到了某种默契。

按德比奇等人的《西方艺术史》，罗曼建筑有如下特点：中等规模；外表宏伟，内部阴暗；垂直线与水平线平衡；摇篮式屋顶；

主要使用半圆拱；实墙；窄门窗；扶垛等。而哥特建筑的特点为：规模宏大；外表修长，光线充足；垂直线胜出；尖顶；突拱；带洞墙；大窗；拱扶垛；支柱分解为小立柱等。从外观上、整体上看，这种风格的变化是相当明显的，从今天保留下来的建筑遗产中也非常容易区分这两类不同但相继的风格。由罗曼式向哥特式转变诸多特点中最明显的是：建筑向高大、气势轩昂及明亮化发展。而这些与宗教观念及技术进步关系甚大。哥特式建筑主要集中于大教堂，在中世纪这里是颂扬上帝的处所。哥特式建筑以扩大出口、增加建筑高度和寻求均匀空间为三大基本目标。一般来说，哥特式教堂有四层：巨大的拱孔、盲楼、采光楼廊和高层窗户。到了修建巴黎圣母院时，盲楼被去掉，教堂变为三层。实际上，"盲楼本身就是罗曼艺术的残存者，被用作屋顶落向支柱的支撑部分"。

教堂的高大有利于显示上帝与教会的威严，人们处于其中会情不自禁地生出敬畏之情，但是建筑的高度并非可以任意加高，必须以一定的工程力学计算为前提。当时罗曼建筑能够顺利向哥特建筑过渡，可以推想其中技术进步起了很大作用，人们正是充分利用了当时的技术进步，而推动了艺术转型，也满足了当时宗教与社会发展的需要。巴黎圣母院的修建，增加了拱扶垛（flying buttress），这被称作建筑上的一场革命。拱扶垛把屋顶的推力导向外面，不但取消了盲楼，还最终减轻了沉重的墙体。"拱穹也因此而得以简化，它们由四部分组成，用的是不等长的过梁。这一发明使建筑家们得以增加高度、简化建筑的外部和平面形状。"当然，当时的技术进步也不是无限制的，1284年波威大教堂的屋顶就坍塌过，此事件结束了盲目增加高度的冒险尝试。也许，那时人们还不掌握更复杂的工程力学计算，或者所采用的材料强度不够（那时没有现代的钢筋混凝土，也没有近代力学）。总之，技术或者材料基础还不足以实现任意增加建筑高度的愿望，也就是说艺术理想与宗教愿望都受当时技术基础的制约。

哥特建筑消除了大部分阴暗的墙体，高大的窗体立框之间留给玫瑰窗（rose window），这就为玻璃艺术的大发展创造了契机，多彩玻璃与金属、石材巧妙结合为教堂构造了神秘、朦胧的气氛。

数学上几何观念与艺术发展的关系，则更为明显。早先有平面几何，后有射影几何，这些都是欧氏的。再后来有非欧几何，最近又有分形几何（见下文）。对应于每一种几何都有许多不同的艺术形式。虽然艺术家本人可能并不自觉，但每一种艺术背后都肯定有某种几何形式为其支撑。值得指出的是，中国古代的绘画艺术很少受射影几何的影响，不讲究透视关系，而欧洲则完全不同。由此并不能推出中国绘画处于低级阶段，只能说中国绘画艺术与西方是很不相同的，它重写意而不是写实。毕加索并不是不懂透视（有作品为证），而是要有意超越传统的透视关系，以一种立体的方式重新反映世界。19世纪末以来，黎曼几何曾与艺术有密切联系，代表人物则是荷兰的埃舍尔（Maurits Cornelis Escher, 1898—1972）。他的绘画有意识地利用了当时的黎曼几何，据说他

图 2 荷兰画家埃舍尔利用黎曼几何绘制的"圆极限Ⅳ"

还亲自向数学家学习过。他的艺术创作反过来,也给科学家许多启示(图 2)。

中国以前的大屋顶建筑不够实用,但是比较耐看。新中国成立初期的一系列建筑非常不错,人民大会堂、美术馆、农展馆等。虽然看上去旧了一些,但是依然非常漂亮。我们现在的建筑,多数像砖头一样,实用但不美观。改革开放之后,我们的科技在发展,经济在发展,哪些北京新建筑还让人感觉不错?几乎找不到。建国初期,国家处于贫困状态,那个时期的建筑现在看来依然过得去。所以,不是钱的问题,而是设计者鉴赏力的问题,背后主要是领导者的欣赏力问题。(笑)领导认为什么美,就会产生什么样的美。

再举一个例子：富勒建筑。1954年，富勒（Buckminster Fuller，1895—1983）在美国申请了专利，建立穹窿屋顶，美国参加世界博览会的时候，他的专利入选。1967年，蒙特利尔世界博览会上美国馆就是应用这个专利建造的。放在现在这样的技术是很简单的。这种结构非常轻巧，却也非常结实，它是科学技术上的一个创新。其发明创造反过来对科学也有促进作用，比如启发人们思考碳可能的结构，碳60的结构是巴基球，此名来自富勒的姓。以前我们知道碳的存在形式有金刚石和石墨，没有想到还有球状的，这是受到了富勒建筑结构的启发。

在信息时代，不得不提CAGD，即计算机辅助几何设计。奔驰、宝马汽车，整体的流线型看上去非常舒服，它的表面都是经曲线、曲面几何设计而制造出来的，体现了计算机和艺术的高度结合。现在小到螺母，大到依山建造的大型雕塑，都要用到计算机辅助设计。从事工业制造、美术设计、工业设计的人们都晓得在CAGD这一领域中的美是如何与技术或者数学紧密联系在一起的。没有伯恩斯坦（Bernstein）多项式、比泽尔（P. Bézier）曲线和三角曲面及康恩斯（S. A. Coons）曲面等一系列纯数学与应用数学工作，没有20世纪下半叶计算机软硬件的快速进步，CAGD是根本不可能的，现在世界范围流行的三维动画制作、工业中的大量设计均是不可能的。当我们熟练地应用Photo shop软件对图像进行各种加工、过滤时，有多少人意识到软件设计过程中融入了大量科学技术与美术技巧。Photo shop本身也是科学工作者与艺术工作者合作的典范,也正因为如此,它能够长盛不衰、日臻完善。Photo shop软件引入了"图层"(Layer)的概念,极大地方便了美术设计,设计者只是在最后定稿阶段方需合并所有的"图层"。

三、艺术与科学中的对称性

艺术与科学之间的关联通过具体例子可以看得更清晰。我们暂时关注一下对称性。

对称性对于生活,对于科学,对于艺术都是极端重要的。百姓理解的"对称",相当于"匀称""秩序感";物理学家理解的对称,与守恒量有关。数学上,对称性指变换下的不变性。有一种对称性,就有一种变换下的不变性。动量守恒、能量守恒、角动量守恒等定律都对应于某种对称性。关于对称,魏尔(Hermann Weyl,1885—1955,也译作外尔)有一本小册子《对称》,影响巨大。杨振宁写过一本小书《基本粒子发现小史》,书中谈到对称性在现代物理学中扮演的角色,此书主要讲弱相互作用中宇称不守恒现象的发现过程。

最常见的对称性与一些人们熟悉的"操作"有关,如镜像对称(左右对称,反射操作)、平移对称、旋转对称,以及符合操作下的对称性。还有尺度(标度)变换下的不变性,涉及分形(见下文)。数学上用群论来研究对称性,用空间群可以讨论矿物学中的晶体对称性。

对称性的东西在艺术上给人以和谐、庄重、优美的感觉,但要特别注意,不能把话说绝对了,不能讲越对称越好。完全的对称只是数学上的抽象,现实中特别严格的对称给人的感觉是非常恐怖的,所以艺术上的创作既要利用对称,又要有意打破对称。这在科学上也有一定的表现,杨振宁曾经说过,不对称很少因为对称性的不存在。这句话可以反过来说,反过来同样是对的,找到了某种对称性并不意味着非对称的不存在。听起来有些绕口,但这些都是事实,这个世界的的确确是对称与"对称破缺"(symmetry breaking)的混合体(图3)。世界就是这样的,通过对称和不对称层层组织起来,物理学家将不对称叫做"对称破缺",

图3 桑科植物面包树(Artocarpus atilis)的叶子整体上看近似左右对称,但不是完全对称;叶脉则具有分形结构

意思是对称被打破了。

比如说人体,从外面看人体是两侧对称(左右对称)的,但是我们的内脏是不对称的,正常人心脏靠左。在一个层面对称,在另一个层面或者一些层面不对称;在一定范围内对称,而在此范围以外存在不对称性。

无论对于科学还是对于艺术,对称性都涉及不同的方面和不同的层次。不同方面指对称的多样性:平移对称(连续装饰花纹、花布、万字图案的横向重复)、旋转对称(花瓣、穹窿、五角星、伞)、左右对称性(建筑立面)及联合操作对称性(埃舍尔的《骑士图》,类似 CP 操作)。不同方面还涉及局部与整体的关系,对称性有长程整体对称(如晶体),也有局部短程对称(如准晶、凯尔特装饰艺术),这些在科学与艺术作品中都有许多实例。不同层次指对称性依赖于物质层次或者观念层次,在不同的层次上对称性可以很不相同。凯尔特艺术(Celtic Art)有很强的规则性,可以明显地发现少数基本结构在不同的层次上重复出现,不同层次的对称性与对称性破缺相互照应,细节丰富、层次分明,给人以较强的装饰效果。可以肯定地说,凯尔特艺术有意识地利用了伸缩变换不变性,即标度变换下的不变性,也就是自相似对称性。特别有趣的是,在分形科学与艺术中,能够观察到各种对称性,既有不同方面的也有不同层次的,通过复函数计算机迭代,非常容易展示这些对称性。

从艺术作品看,苏美尔人似乎特别喜爱较严格的左右对称,而中国国画则避免严格的左右对称。李政道分析过弘仁的一幅山水画。艺术史家沃尔夫林（Heinrich Wolfflin，1864—1945）曾写过两篇关于左右不对称的文章《论绘画的左右不对称问题》和《将拉斐尔壁毯画翻转过来后产生的问题》。"如果将一幅画变成它镜子中照出来的样子，那么这幅画从外表到意义就全然改变了。"沃尔夫林解释说，人们在观赏一幅画的时候总是习惯于从左到右依次扫描过去，当画的左右互换时，也就等于把观赏画的习惯顺序颠倒了。"在一幅画中，位于右半部的那些物体看起来总是比左半部的'重'一些。"举例说，当我们把拉斐尔的《西斯廷圣母像》左右翻转时，看上去右半部就显得太重了，其"重量甚至好像要把整个构图压翻似的"。

从动态的观点看对称性，我们获了运动、变化与发展的印象，最终是"生成"的观念。对称性对于自然界是一种自组织机制，一方面或一定层次的对称破缺可能为另一方面或另一层次的对称性的存在提供条件或者基础，反之亦然。不仅无机界构成及演化受对称性支配，有机界、生命界也如此。组成生命体的各种氨基酸就是对称性高度破缺的，并且通常只有一种手性，生命分子"手性"对于研究生命的起源有重要意义。也许生命之初，这些分子是对称的，如宇宙大爆炸之初的情形，后来由于偶然因素或者自然选择，到了今日地球上的生命体中的氨基酸都有一样的手性。

有些艺术类型中对称性不明显，而有些则非常明显。以音乐和文学为例，重复就是一种简单的对称，但如何重复，在何种水平或层次上重复,则有很多变化。可以不夸张地说,对某些作品,正是某种重复机制造就了艺术的伟大。实际上,"对比"也是一种对称性,即 C 或者 CP 操作的对称性,而"对比"是艺术创作中最基本的表现手法之一。

艺术作品和遗传学中的基因突变、交换、重组等,都为我们提示了更复杂的对称性,即某种"混成对称性",类似英语混成词制造过程,老式的有《艾丽丝镜中奇遇记》中的 slithy、gyre、gimble 等,较近的有古德曼的 grue 谓词,还有 motel 及 wintel 等。之所以也称它们为对称性,是因为在变换过程中它们总是有某种成分保持不变(守恒),但仅有局部意义。艺术史上,各种风格的缘起与继承都有"混成对称性",即部分继承与重组、部分改变,整体上呈现一种新的风貌。但是当我们分析相继的罗马艺术、拜占庭艺术、罗曼艺术、哥特艺术时,总是能够在后面的风格中找到前面诸多风格的有机组合,当然还有创新成分。

对于生物进化史,混成对称性更是十分基本,按道金斯(Richard Dawkins)的说法,生物体只是基因世代传播的工具,生命之河是一条数字化的基因之河。基因在世代传播过程中类似于原子,除了极少见的偶然突变,它们将保持不变。在生物学层次上,我们与祖先有什么相同和不同,都可在基因的"混成对称性"中理解。在文化层次上,道金斯类比地提出拟子(Meme)概念,于是文化进化也可以像生物进化那样类比地得到部分解释。

四、美学标准参与科学理论的选择、接受

艺术与科学的互动还有更深层面的内容。审美活动影响科学活动和科学理论的选择吗？有一种观点认为有影响，而且起很大的作用。极端的说法认为，美的东西就是真的，牛顿定律看上去就很美，那它一定就是真的。若干成功的科学界大佬确实讲过类似的话，他们坚定地相信这个世界是和谐的、简单的、美的。回顾历史，他们解释说，在建构科学理论的时候大科学家是有美学考虑的。也有人不同意这类看法，认为科学理论的选择跟审美关系不大，主要还是看证据。与事实相符就容易接受，否则再美它也可能是错的。

在一般意义上，审美活动影响科学理论的选择吗？我认为多少还是影响的，不是有没有，而是有多少的问题。科学活动不仅仅是一种纯粹的认知活动，而是处处涉及价值判断的复杂过程，美学的标准、伦理学的标准都起到一定的作用。相当多情况下是潜移默化地起作用，当事人可能并不觉察。

在科学界有科学理性，在艺术界也有艺术理性。理性说到底就是"合理性"，既讲规范也讲效用。

不少科学家在不同场合提到自己的科学发现与审美活动有关。20世纪的逻辑经验主义科学哲学也不否认审美因素在科学"发现"过程中可能起很重要的作用，但它坚持认为审美因素在科学理论的"辩护"过程中不起作用，因为美学标准无法划归为逻辑

标准或者经验标准。"在理论的创造方面审美因素可能是重要的，但在理论的接受方面只有经验标准可以起作用。"但是，发现与境（context）和辩护与境的区分只对哲学家有意义，实际的科学家从来不仔细区分这两个过程。既然在科学发现与境中可以诉诸审美因素，在科学理论辩护中就难免也涉及审美评价，因为引导科学家提出理论的因素也会在科学共同体对那个理论进行评估时起作用。科学家狄拉克（P. A. M. Dirac）强调，审美因素的影响既表现在作为启发性的向导，也表现为作为理论评价的基础。他甚至明确说，让方程体现美比让这些方程符合实验更为重要，物理学规律应当有数学美，等等。

后来许多学派部分超越了逻辑经验主义对科学的理解，特别是历史主义的科学活动模型。麦卡里斯特（J. W. McAllister）从科学与审美的角度发展了库恩的模型，认为"审美规范"在科学革命过程中起重要作用，并且正是其中的审美规范的变革才代表着真正科学革命的发生。每一常规科学时期都承诺了一种审美规范，它是相当保守的，不容易被抛弃。只有当科学发展到革命期，越来越多的经验事实推动科学家反对原有的规范，包括审美规范，新规范取代旧规范，科学革命才完成。"科学革命是对共同体过去在理论选择中习惯运用的审美约束的否弃。"

这里有一个问题："审美规范"与"经验标准"之间哪一个更具根本性？据麦卡里斯特，可以粗略地分出改革派和保守派。改革派的观点是：科学家诉诸理论之优雅是允许的，但理论选择过程中，它要服从于实效标准，即经验标准，应当选择经验上更成功的理论。保守派的观点正相反。于是，"保守派采纳的理论错误但有浪漫情味，而改革派采纳的理论正确但令人生厌。""我把改革派否弃已确立的审美规范，决定不受审美承诺的约束去选择理论并完全追求经验成功看成革命行动。"在量子力学案例中，爱因斯坦代表保守派，主张由古典物理学建立起来的审美规范应该高于理论选择中一般性的经验考虑。玻尔则代表改革派，主张让审美规范服从经验标准。

在我们看来，因为现代科学是经验科学，从总体上说，理论选择过程中自然是经验标准胜过审美标准。没有人会天真地、顽固地坚持一个很美但与经验上完全矛盾（"中看不中用"）的理论。但是，具体到某一个科学家，具体到某一个关键研究过程，以及某个迸出的新思想火花，当时的科学家究竟是更多地考虑了经验还是更多地考虑了审美，那很难说，审美有时起十分重要的作用。对于理论选择也一样。个体是独特的，科学进步依赖无数个不同个体的努力。总之，我们要考虑科学共同体的平均情况，也要考虑个体的独特性。统计平均是重要的，但不能完全代替对个体的细致分析。大物理学家朗道（L. V. Landau, 1908—1968）说过："一位第一流的科学家的贡献是第二流科学家的十倍。"在数学史中，不到100位数学家对数学的贡献占一半，可称之为领袖数学家，如高斯、希尔伯特、柯西、庞加莱（即彭加勒）、嘉当等；约1000位数学家对数学的贡献占90%，可称之为精英数学家。于是，对少数英才进行案例研究是必要的。

麦卡里斯特的模型简明，有一定的说服力，但科学研究过程中丰富的审美规范在此模型中似乎只有"负面"效应，处于"保守"角色，这无疑太简单化了。实际上审美规范既可以起保守作用也可起革新作用，既有正面作用也有负面作用，而且是可以变化的，即使对于同一事或同一人物，不同时期也可能不同。

麦卡里斯特忽略的另一种重要情形是，在科学进步中审美规范与经验成功之间常常具有一种不易明确表达的奇妙"黏着性"。此黏着性说的是审美规范与经验标准的一致性，它体现了真与美的统一。在科学世界中尤其特别的是，科学之美有不同的深度或层次，理解、欣赏科学之美需要专门的科学训练。爱因斯坦引力场方程、狄拉克方程、弱电相互作用的 $SU(2) \times U(1)$ 理论，都有绝妙的科学美，但并非人人都能领悟。这一点也不难理解，其实，欣赏任何美都需要修养或训练，如贝多芬的音乐、毕加索的绘画也并非人人都能理解其奥秘，多数人还不是人云亦云，附庸风雅？只有缩小"两种文化"之间的鸿沟，从小做起，改革哺育、培养（即"派地亚"）制度，成长起来的一代新人才能同时欣赏与创造更好的人文艺术之美和科学技术之美。

五、有趣的分形：大自然的科学与艺术

最后谈一个例子：分形。分形把科学与艺术结合得比较好，科学帮了艺术的忙，艺术也帮了科学的忙。艺术提供了好的界面，

能促进科学传播。分形科学形象比较好，很多人都喜欢。

分形的最基本特征是部分与整体相似，具有"无标度性"。简单讲，无标度性是指，如果不放一把尺子，你并不知道对象的真正大小。分形在自然界中是极为常见的，闪电、树枝、云、水系、大脑皮层、支气管等都是分形体，只是以前我们不太注意罢了。直到20世纪80年代，分形才在科学和艺术领域流行起来。

分形概念的创始人芒德勃罗（Benoit B. Mandelbrot, 1924—2010）的创新过程也值得大学生学习。他在研究中并不总是看最新的文献，他时常到图书馆中翻阅没有人看的旧杂志，他由此发现了一些大人物被当下所忽视的洞见。他把斯坦因豪斯、维尔斯特拉斯、希尔伯特等大师的著作中的一些重要思想联系起来、综合起来，经过多年努力终于"发明"了分形概念。我见过几次芒德勃罗，他很有趣也很自负，我还给他写过小传。

芒德勃罗在20世纪60年代写过一篇经典论文，发表在《科学》杂志上，很短，只有一页半，题目叫《英国的海岸线有多长》。海岸作为分形体，长度在某些方面是没有意义的。英国的海岸线想有多长就有多长（当然也不是一点限制也没有），用不同的尺子去度量它，就会有不同的结果。海岸线有多长的确与使用什么尺来度量有关。当用比较大的尺子度量时，它可能是1500英里（打一个比方）（1英里≈1.61千米），如果觉得不准，那么再用较小的尺子一点一点地测量，测出来的结果肯定不止1500英里，可能是2500英里。如果觉得还是不准，没有考虑到海岸的丰富细节，那么可以用米尺或卡尺一点一点地卡过去（观众笑），那就不是 2500 英里了，可能就 7000 英里了。现在问，哪一个更加准确？实际上都可能是准确的，测量可能都是科学的、有用的，就看我们关注哪一个层次了。海岸线的"本来长度"概念，已经没有意义。分形概念在哲学上也是一个重要的突破，沉重地打击了传统的客观主义和朴素的反映论。

分形为什么如此重要？因为它体现了一种对称性，体现了变化下的不变性，即尺度变化下的不变性。分形在采矿、材料力学、气象、经济学、物理等学科中都有应用。

分形也提示一种自组织生成的模式。分形概念会提醒人们重新看待大自然和人造的几何学。欧几里得几何是理想化的几何，也可以说是"假的几何"，大自然真正的几何是分形几何。与新的几何相伴随，就有了新的艺术，因为历史上每种绘画艺术背后都与某种几何学相关联的，与分形几何相关联可以有分形艺术。在过去的若干年中，分形被作为一项艺术而展现出来，引起广大师生、研究人员和业余爱好者极大的兴趣。相当多人在屏幕上做过迭代计算，生成了丰富多彩的分形图片（图 4）。有关分形艺术的展览在世界范围已经举办过多次。分形图也出现在广告牌、时装设计、工业设计、园林设计中。科学与艺术通过分形而深度整合，这是当初人们完全未曾预料到的。

要做出一张好的分形图需要三方面的功底：计算机编程、数学、美术，三者缺一不可。但也不必被吓到，有一点知识就可以尝试。

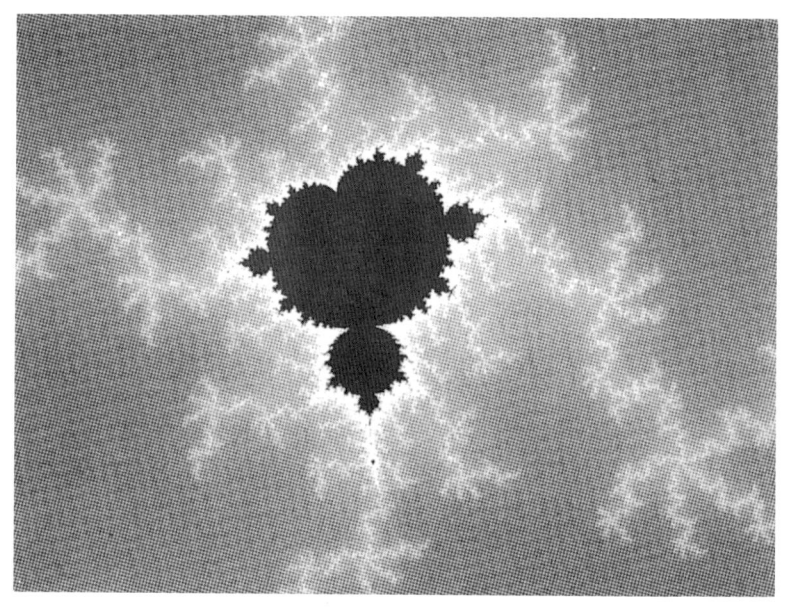

图 4 用计算机复迭代生成的芒德勃罗集合放大图

六、余论

科学也好,艺术也好,它们还在发展,但不是无条件地发展。科学不是多多益善,艺术也不是越新奇越好。伟大的艺术作品,有创新,却也有所保留。科学创新与艺术创新都要受到约束,受到人类的理想以及我们所认可的生活方式的约束。

大自然总能为人类的想象提供启示,它也是美的重要源泉。自然美与艺术美同样是美,过去艺术理论过多地注意艺术作品中的美，但最近十多年自然美学、环境美学迅速发展，大自然之美被凸显出来，甚至有人提出"自然全美"的思想。

从事科学或者艺术，功利考虑只是一个方面，更重要的是对秩序、对美的追求，没有这般认识，从事科学和艺术，层次都显得太低、太俗。

揭示大自然的奥秘，开发利用大自然，都存在不可回避的环境伦理学问题。而这与对大自然精致性、美学特征的理解有关。大自然是有魅力的，这种态度被称为"附魅"或者"返魅"，从这种观念出发，要求我们敬畏大自然，永远向大自然学习。

博物学（Natural History）十分重视大自然本身的价值，它与自然神学、进化论、野外观察联系紧密。博物学虽然衰落了，但它不应当是过去时。今天的科学创新和艺术创作，如果更多一点博物学的眼光，更多地尊重大自然，相信会更有成就，也更符合可持续发展的原则。

对于科学与艺术的发展，我们要特别关注仿生学（Bionics）和博物学。人类一定要向大自然学习，不学是傻子。进化就是一种淘汰的过程、适应的过程，进化历程积累了智慧。我相信，如果人们愿意拿出更多的精力虚心向大自然中的动物、植物学习，科学与艺术会有更好的发展。在大自然的启示下而生发出的科学和艺术可能更好地再现人与自然之间的感情。

历史上科学与艺术曾经相互激励，彼此促进发展，但是也没有证据表明两者是完全一致的。从总的趋势看，科学与艺术聚散都是存在的,而且以散为主。不过,这丝毫不意味着,两者可以彼此不顾,自我发展。在新世界的开始,有识之士就应当呼吁科学与艺术彼此关照一下,甚至可以尝试从科学的角度看见艺术及从艺术的角度看科学。这绝不意味着只有这样做才是唯一合理的,只能说这是一种可能的进路。

以上只分析了几个一般性的问题,关于科学、艺术与心理学的关系,特别是科学与艺术创新的心理过程,数字化时代的科学与艺术、作为认知手段的艺术,几何学与艺术风格,以及一些专门性的交叉研究课题等,都非常吸引人,需要做深入持久的研究。在当前情况下,"深"比"博"更重要,专门性的小题目的研究更显必要,只有专题式的、有所约束的研究才能深入下去,得到深刻的认识。有关部门也应当鼓励进行这方面的交叉性、深入性研究。

愿我们有敬畏之情,有感恩之意,有谦卑之心,向大自然学习,促进科学与艺术的协调发展。

选自《科学与艺术演讲录》,胡海岩主编,国防工业出版社,2013年。

声 明

按照《中华人民共和国著作权法》相关规定，本书中所涉及文字作品、美术作品、摄影作品等，我们已尽量寻找原作者支付报酬，但因条件限制有些仍未能联系到原作者，原作者如有关于支付报酬事宜可及时与出版社联系。

图书在版编目（CIP）数据

科学反思:两种文化 / 江晓原主编. — 上海:上海教育出版社, 2019.6
（江晓原科学读本）
ISBN 978-7-5444-9175-4

Ⅰ.①科… Ⅱ.①江… Ⅲ.①科学知识－普及读物
Ⅳ.①Z228

中国版本图书馆CIP数据核字(2019)第122271号

策划编辑	宁彦锋
责任编辑	董龙凯　荼文琼
书籍设计	陆　弦
印装监制	朱国范

江晓原科学读本

科学反思：两种文化
江晓原　主编

出版发行	上海教育出版社有限公司
官　　网	www.seph.com.cn
地　　址	上海市永福路123号
邮　　编	200031
印　　刷	上海中华商务联合印刷有限公司
开　　本	889×1194　1/32　印张 7　插页 4
字　　数	135 千字
版　　次	2019年7月第1版
印　　次	2019年7月第1次印刷
书　　号	ISBN 978-7-5444-9175-4/N·0023
定　　价	48.00 元

如发现质量问题，读者可向本社调换　电话：021-64377165